EDITORS

DANIEL IONITA | ADRIANA PAUL | DOREL COSMA |

ZORIN DIACONESCU | MENUȚ MAXIMINIAN

# Return Ticket from Sydney to Bistrița

## A LYRICAL CAROUSEL BETWEEN THE ANTIPODES

•

# Bilet dus-întors de la Sydney la Bistrița

## UN CARUSEL LIRIC ÎNTRE ANTIPOZI

AUSTRALIAN-ROMANIAN ACADEMY
PUBLISHING

2021

# RETURN TICKET FROM SYDNEY TO BISTRIȚA
## A LYRICAL CAROUSEL BETWEEN THE ANTIPODES

# BILET DUS-ÎNTORS DE LA SYDNEY LA BISTRIȚA
## UN CARUSEL LIRIC ÎNTRE ANTIPOZI

Copyright – Daniel Ionita © – daniel@ionita.com.au

Editors: Daniel Ionita, Adriana Paul, Dorel Cosma,
Zorin Diaconescu, Menuț Maximinian
Translators: Zorin Diaconescu – Romanian poets from Romanian into English
Daniel Ionita & Adriana Paul – Australian poets from English into Romanian
– where exceptions occur, these are noted by the poem –

Cover design: Daniel Ionita, Cristina Dumitrescu
Layout and DTP: Cristina Dumitrescu
Corrections: Vasile Jimboreanu, Daniel Ionita, Adriana Paul

*This volume is published with the support of the group "Conexiuni Literare"*
*of the Palace of Culture Bistrița and of Judith Beveridge's "Poetry Class"*

## Library of Congress Cataloguing-in-Publication Data

Names: Ionita, Daniel, 1960 – principal editor and translator | Dorel Cosma –
editor| Zorin Diaconescu – editor /translator | Menuț Maximinian – editor
| Adriana Paul – editor / translator
Title: Return Ticket from Sydney to Bistrița – a poetic carousel between the antipodes /
Bilet dus-întors de la Sydney la Bistrița – un carusel poetic între antippozi – Daniel Ionita,
Adriana Paul , Dorel Cosma, Zorin Diaconescu, Menuț Maximinian
Description: Sydney | Australian-Romanian Academy Publishing, 2020.
Includes bibliographical references and index.
Identifiers: ISBN (hardcover) – 978-0-9953502-6-7|LCCN – 2021907064
Subjects: Poetry anthology | Translation | Bilingual: English & Romanian

AUSTRALIAN-ROMANIAN ACADEMY
PUBLISHING

*In the global environments animated by influencers, promoters, haters, trolls, and other species born from the network of interests behind the virtual one, we remain among those looking for non-mapped domains. We look for treasures that cannot be listed on the commodity exchange and probably have no political relevance. And yet they remain invaluable to those of us who have chosen poetry as a reality of reference. The styles and approaches of the Bistrița and the Sydney poets might be different, but the deep language of poetry is harmonious, a real boon in a disharmonious world.*

·

*În mediile globale animate de influenceri, promoteri, hateri, trolli și alte specii născute din rețeaua de interese din spatele celei virtuale, am rămas printre cei ce caută domenii necartografiate, porniți în căutarea unor comori care nu pot fi cotate la bursa de mărfuri și probabil nu au nici relevanță politică, dar care rămân inestimabile pentru aceia dintre noi care au ales drept realitate de referință poezia. Și dacă stilurile și abordările poeților din Bistrița și Sydney sunt diferite, limbajul profund al poeziei este însă unul armonic, o adevărată binefacere într-o lume dis-armonică.*

# CUVÂNT ÎNAINTE

## Judith Beveridge

Prin atenta folosire a cuvântului, poetul încearcă să-şi reproducă simţirile într-un mod cât mai clar. Acesta este unul din cele mai dificile aspecte ale scrisului. Un poem bun este greu de realizat. Cere mult mai mult din partea scriitorului, cred eu, decât un paragraf de proză, pentru că miza este mai mare, şi e nevoie de mai multă precizie. Dacă ne gândim cum anume se manipulează limbajul în multe din forumurile noastre sociale, politice şi economice, observăm declinul teribil ce a avut deja loc. Poetul, mai mult ca oricine, ştie că exprimări vagi, nedefinite, nu servesc niciodată adevărul. In atâtea cazuri vedem cum limba este văduvită de resursele ei de frumuseţe şi poezie, pe măsură ce cuvintele devin funcţionale şi manageriale.

In ziua de azi mulţi din noi trăim inundaţi de amuzamente uşoare care oferă nimic mai mult decât plăceri senzaţionalizate, iar poezia e în pericol de a fi înăbuşită sau îngropată. Dar, după cum atestă această antologie, fiecare poet ştie bine cum anume

# FOREWORD

## JUDITH BEVERIDGE

By the very attentive use of the word, the poet tries to make his/her feelings as clear as possible. This is one of the hardest aspects of writing. A good poem is hard to achieve, it demands more of the writer I believe than a paragraph of prose because there is more at stake, and more to get exact. If we think of the ways that language is manipulated in many of our social, political, and economic forums, we can see the terrible erosion that occurs. A poet more than anyone knows that vague and indefinite expressions never serve truth. In so many instances language is stripped of its beauty and poetic resources because words become purely functional and managerial.

These days many of us live with a plethora of easy, grab-all entertainments that offer little other than sensationalist pleasure and poetry can be in danger of being smothered or buried. But as this anthology attests, each poet knows how poetry lifts us

poezia ne ridică într-o sferă mai adâncă de conştientizare, ne dăruie o cale de observa bogăţia experienţei.

Când citim un poem, ne predăm procesului de a deveni acel poem: intrăm în ritmul şi structura lui de sunet, în curgerea imaginilor lui. Scriitorul şi cititorul crează semnificaţia operei împreună.

Aceste unelte specifice, bine definite ale poeziei permite o conecţiune mult mai intensă, viscerală, cu limba, decât citind un raport dintr-un ziar, un articol despre vreme, sau un meniu la o cafenea. Şi tocmai această conecţiune a poeziei cu trupul îi dăruie puterea de a fi o experienţă „simţită", în care sunt implicate şi trupul, şi mintea şi inima. Adesea când suntem impresionaţi de un poem, e ca şi cum un fel de energie se înalţă din cuvintele de pe pagină. Atunci când poetul, prin explorare şi invenţie, descoperă imagini şi metafore, are loc un transfer misterios – ritmuri şi modele de sunet se deschid şi ne descoperă un set unic de semnificaţii.

Poezia poate activa, în cititor şi scriitor aşijderea, o conştientizare mărită şi lărgită, şi asta se datorează în mare măsură posibilităţilor de afirmare a adevărului care sunt înrădăcinate în natura însăşi a poemului. In actul creeri metaforei, lumea devine mai puţin fragmentată, mai interconectată.

Una din valorile importante ale poeziei este înalta ei seriozitate, urgenţa ei, puterea ţelului, pe care amuzamentele obişnuite nu le deţin întotdeauna. Poetul american Jorie Graham a spus că „orice poem este, în final, un act prin care mintea încearcă – prin precizia vederii, a simţirii, a gândirii – să cureţe limba de minciunile curente, să o facă capabilă de a ne conecta cu lumea."

Poezia a fost mereu una din formele cele mai puternice pentru a explora adânc întrebările omenirii. Aceasta se datorează în parte

into a deeper awareness of ourselves, that is our inner lives, it gives us a way of viewing the richness of experience.

When we read a poem, we give ourselves over to a process of becoming the poem: we enter its rhythm and sound structures, its flow of images. The writer and reader make meaning together.

These specific, well defined, tools of poetry enable a more intense visceral connection with language than reading a report or a newspaper article, or a weather report, or a menu at a caffe. It is this connection that poetry has with the body that gives it its power as a 'felt' experience, as one in which both the body, mind and heart are involved. Often when a poem moves us, it is as if some sort of energy has leaped from the words on the page. Some mysterious transference occurs when the poet, through exploration and invention, discovers the images and metaphors, the rhythms and sound patterns which open and reveal a unique set of meanings.

Poetry can activate, in both reader and writer, an enlarging and enhancing of awareness and this is largely because of the truth-telling possibilities which are ingrained in the very nature of a poem. In the act of metaphor-making, the world becomes less fragmented and more interconnected.

One important value of poetry is its high seriousness, its urgency, its strength of purpose that popular entertainments do not always have. The American poet, Jorie Graham, has said 'each poem is in the end an act of mind that tries – via precision of seeing, feeling and thinking – to clean the language of its current lies, to make it capable of connecting us to the world.' Poetry has always been one of the most powerful and effective forms for addressing and exploring deep human questions. Partly this is

faptului că poezia este legată intim de respirație, mult mai mult decât alte exprimări lingvistice. Poezia folosește unelte care ajută atât cititorul cât și scriitorul să aibă acces la adevăruri în moduri ne-discursive: folosește modele și repetă structuri precum ritmul, asonanța, aliterația, repetarea cuvintelor, a frazelor, a imaginilor. Acesta acționează ca mecanisme de regularizare, nu numai pentru respirație ci, drept consecință, pentru fluxul gândirii.

Cunoaștem că structurile repetate au un efect liniștitor, calmant, adesea diminuând excesul de zgomot din minte, ceea ce ne ajută să creem o liniște adâncă.

Poate că unul din beneficiile, darurile, cele mai semnificative ale poeziei către noi este comunitatea, crearea unui simț al conexiunii unul cu celălalt, în bucurii precum și în tragedii. Poezia este și va rămâne o forță radicală pentru că ne trezește, ne zdruncină din automulțumire spre compasiune, și chiar spre direcția opusă, de scandalizare. Fie într-o direcție sau cealaltă, dacă o abordăm cu bună credință, nu vom putea rămâne indiferenți față de ea.

Un alt poet american, James Wright, a exprimat tocmai această idee, că cititorul ideal ar fi „o persoană inteligentă și de bună credință". Cred că acesta este elementul esențial pe care grupurile și cenaclurile de scriitori le demonstrează. Fiindcă fiecare membru va intensifica, va rafina, și va crește perspectivele feedback-ului, răspunsurile care ne ajută pe fiecare să ne îmbunătățim scrisul.

Fie că scrie în românește, în engleză, sau în orice altă limbă, poetul se va inspira din experiențele vieții și din imaginație, pentru a inventa ceva proaspăt pentru cititor. Un poet va petrece mult timp pentru a medita la conexiunea dintre lucruri, și apoi la aceea dintre lucruri și cuvinte. Poetul ne dăruiește un limbaj

because poetry is connected so intimately with the breath, much more so than other linguistic expressions. Poetry employs tools which enable both reader and writer to access truths in non-discursive ways: it uses patterns and repeating structures such as rhythm, assonance, alliteration, a recurrence of words, phrases and images. These act as regulating mechanisms, not only for the breath, but consequently, for the movement of thought.

We know that repeated structures have a calming and stilling effect, often allowing the excess noise of the mind to drop away and to help create deep stillness.

Perhaps one of poetry's most significant benefits and gifts to us is community, that sense we are all connected with each other in our joys and tragedies. Poetry is and will always be a radical force because it wakes us up, often jolting us out of complacency into compassion and even the opposite direction of outrage. Either way, if we read it in good faith, we cannot remain indifferent to it.

Another American poet, James Wright, expressed precisely this notion that his ideal reader would be 'an intelligent person of goodwill'. I think this is exactly what good workshop/writing groups provide. That is because each member will intensify, refine and increase the feedback, insights and responses that help each of us to improve our writing.

Whether one is writing in Romanian or English, or any other language, the poet will always draw on life experiences and the imagination to invent something fresh for the reader. A poet will often have spent a lot of their time thinking about the connections between things, and then at the one between words and things. The poet gives us a language for

pentru experiențele noastre care este mai mult mai intens, mai concret, mai imaginativ, mai muzical decât orice altă exprimare despre condiția umană.

Poemele din această antologie produc numeroase efecte: unele poeme ne mângâie, altele ne confruntă, unele sunt acte de jale, altele de exaltare, unele sunt comice, altele solemne, unele triste, altele preamăresc peisajul, sau religia, sau relațiile umane, unele privesc în urmă cu regret, altele cu bucurie, altele au fost câștigate cu greu prin întrebări serioase și angajare morală cu lumea din jur. Toate sunt o încântare.

Am avut deosebita plăcere ca să fac parte din această împărtășire poetică între țările noastre, Australia și România, în mod specific între orașele noastre Bistrița și Sydney. Mulțumesc tuturor celor implicați pentru dificila muncă depusă, pentru dedicație și efort. Cum spunea Yevgheny Yevtushenko: *Poezia este ca o pasăre care ignoră orice graniță.*

JUDITH BEVERIDGE
Sydney, 2021

our experiences that is perhaps more intense, more concrete and imagistic, and more musical than any other utterance or articulation about the human condition.

The poems in this anthology produce numerous effects: some poems console, some confront, some are acts of mourning or celebration, some are comical, some solemn, some sad, some exalt the landscape, religion, and human relationships, some look back to the past with regret, some with joy, some have been hard won from serious questioning and moral engagement with the world around them. All of them are a delight.

It has been a great pleasure to be involved with this wonderful poetic exchange between our two countries Australia and Romania, specifically our cities – Bistriṭa and Sydney. I thank all those involved for their hard work, dedication and effort. As Yevgeny Yevtushenko said: *Poetry is like a bird which ignores all frontiers.*

JUDITH BEVERIDGE
Sydney, 2021

# DE LA BISTRIȚA SPRE SYDNEY

## NOTA EDITORILOR BISTRIȚENI

Ideea puterii terapeutice a unui poem poate constitui reperul în jurul căruia o selecție de poezii prinde viață, prescriind poeme pentru fiecare afecțiune a spiritului uman, dincolo de distanța geografică sau deosebirile de generație. Opțiunea pentru comunicarea prin poezie, atunci când actul comunicării a devenit ceva zilnic, aproape automat, constituie un gest de distanțare a persoanelor care încearcă să nu se lase absorbiți de curentul principal al superficialelor automatisme la care ne îndeamnă softurile puse la dispoziție cu generozitate de rețele pe care ne ducem (în ultimul timp obligați și de oficialități) existența noastră socială.

Revoluția digitală nu numai că nu a diminuat problematica noastră spirituală, dimpotrivă, ea a mai adăugat câteva probleme noi la cele deja existente, deci nu este de mirare că un număr tot mai mare de contemporani recurg la poezie ca remediu în orele lor cele mai singuratice sau tumultuoase, încurajați de modurile de comunicare mobile omniprezente. Cetățeanul acestei planete, care desigur își amintește identitatea sa definită mai mult sau mai puțin riguros, se comportă totuși ca un utilizator al unor rețele globale, care nu cred

# FROM BISTRIȚA TO SYDNEY

## NOTE FROM THE BISTRIȚA EDITORS

The idea of the therapeutic power of a poem can be the landmark around which a selection of poems comes to life, prescribing poems for every condition of the human spirit, beyond geographical distance or generational differences. The option for communication through poetry, when the act of communication has become something we perform daily, almost automatically, is a gesture of distancing committed by people who try not to be absorbed by the mainstream of superficial automatisms to which the software generously provided by networks urges us (lately obliged by officials) which becomes our social existence.

The digital revolution has not diminished our spiritual problems, on the contrary, it has added some new concerns to the already existing ones, so it is not surprising that an increasing number of our contemporaries resort to poetry as a remedy in their most lonely or tumultuous hours, encouraged by ubiquitous mobile communications. Citizens of this planet, who of course remember their more or less rigorously defined identity, nevertheless behave like single users of global networks, which I do not think have

că au algoritmi sensibili la astfel de deosebiri, scopul lor fiind în cele din urmă unul singur și firesc, acela de a genera profit pentru cei care investesc. Aceasta este o constatare, nu o atitudine, starea de fapt e clară și simplă, fără acel profit nu ar funcționa rețeaua prin care comunicăm, deci trebuie să acceptăm și costurile, în cazul de față indirecte. De ce contează toate acestea? Fiindcă înainte de explozia ultimilor ani în tehnologia comunicației, nimeni nu s-a gândit la o antologie de poezie „la antipozi". De ce am ajuns tocmai noi sa comitem acest gest de pionierat? Nu neapărat grație tehnologiilor amintite, care nu condiționează în ultimă instanță liberul nostru arbitru, dar acesta din urmă funcționează tocmai în contextul tehnologic amintit mai sus.

În mediile globale animate de influenceri, promoteri, hateri, trolli și alte specii născute din rețeaua de interese din spatele celei virtuale, am rămas printre utilizatorii în căutarea altor domenii necartografiate, am pornit în căutarea unor comori care nu pot fi cotate la bursa de mărfuri și probabil nu au nici relevanță politică, dar care rămân inestimabile pentru aceia dintre noi care au ales drept realitate de referință poezia. Stilurile și abordările poeților din Bistrița, față de cei din Sydney – ale căror poeme le veți citi în acest volum – pot fi diferite, dar dialogul profund al poeziei este unul armonic, o adevărată binefacere într-o lume dis-armonică.

Dovada stă chiar în această călătorie dus-întors pe care o facem alături de poeți din "Clasa de Poezie" condusă de distinsa poetă și mentor în ale poeziei Judith Beveridge din Sydney – Australia, un loc de pe cealaltă parte a globului, la mare distanță de noi!

Să ne bucurăm așadar că distanțele geografice nu mai constituie o piedică, ele nu mai sunt relevante în lumea virtuală, conexiunile se fac mai ușor și funcționează mai bine – nu întâmplător am ales acest cuvânt pentru a da un nume societății noastre de scriitori la Bistrița,

algorithms sensitive to such differences, their purpose being ultimately only one, naturally, to generate profit for the respective investors. This is a finding, not an attitude, the fact is clear and simple, without that profit the network through which we communicate would not work, so we must accept the costs, in our case indirect ones. Why does all this matter? Because before the explosion of the last years in communication technology, no one thought of an anthology of poetry „connecting antipodes". Why did we end up attempting this pioneering act? Not necessarily thanks to the technologies mentioned, which do not ultimately condition our free will, but the latter works precisely in the technological context mentioned above.

In the global environments animated by influencers, promoters, haters, trolls and other species born from the network of interests behind the virtual one, we remained among the users looking for other non-mapped domains, we started looking for treasures that cannot be listed on the commodity exchange. and they probably have no political relevance, but which prove invaluable to those of us who have chosen poetry as a reality of reference. The styles and approaches of the poets in Sydney and of those in Bistrița – whose poems you will read in this volume – might be different, but the deep dialogue of poetry is harmonious, a real boon in a disharmonious world.

The proof for this is precisely in this return poetic journey together with the "Poetry Class" of distinguished poet and poetry-mentor Judith Beveridge from Sydney – Australia, a place which is a long way on the other side of the planet from us!

Therefore, let's be glad that geographical distances are no longer an obstacle, they are not any more relevant in the virtual world, connections are easier and work better – it is no coincidence that we chose this word to give a name to our society of writers in

un oraș despre a cărui existență foarte multa lume pe glob nu știe nimic, dar asta nu este o piedică în calea poeziei.

Faptul că ne citim reciproc poemele, că această îndeletnicire ne apropie, dar ne și deosebește de alții este o încurajare și ne îndeamnă să continuăm. Manifestările noastre sunt spontane și par volatile în concepția unora, însă sentimentele pe care le generează, conștiința apartenenței la familia universală a poeților rămân și ne dau curajul necesar de a privi spre ziua de mâine.

*Bistrița, octombrie 2020*
DOREL COSMA, ZORIN DIACONESCU

Bistrița, a city about whose existence many people around the world know nothing, but this is not an obstacle to poetry.

The fact that we read each other's poems, that this occupation brings us closer, but also differentiates us, is an encouragement and urges us to continue. Our manifestations are spontaneous and might seem volatile in the opinion of some, but the feelings they generate, the consciousness of belonging to the universal family of poets remains and gives us the necessary courage to look out towards tomorrow.

*Bistrita, October 2020*
ZORIN DIACONESCU, DOREL COSMA

# DINSPRE SYDNEY SPRE BISTRIȚA

## NOTA EDITORILOR DIN SYDNEY

Una din cele mai importante căi de a cunoaște alte popoare, alte culturi – și cea mai profundă – este arta. Ea pătrunde cu mult dincolo de concedii și comerț, de diplomație și alianțe politice. Fie că vorbim de muzică, arte grafice, sau literatură – arta atinge, prin efectul imediat cât și prin impact, nivelul cel mai adânc al umanității noastre – simțirea.

Știu, discipolii gândirii raționale vor argumenta că rațiunea este markerul cel mai important al ființelor umane. Bineînțeles că ei sunt eronați! Capacitatea noastră pentru simțire, empatie și dragoste, duse uneori până la sacrificiul de sine – este ceea ce ne deosebește ca specie. Ca poet, sunt obligat să susțin asta...

Dar, lăsând la o parte dezbaterile filozofice – această cea mai profundă și mai directă formă de comunicare (poezia adesea ocolește rațiunea și atinge direct inima) – este o modalitate ideală de a pătrunde și cunoaște sufletul unei națiuni, unui popor, unui trib. Nu există o mai pură definiție a identității unui grup, poate cu excepția muzicii.

Asta pentru că, spre deosebire de muzică, poezie, pentru a fi evaluată și apreciată într-o altă limbă, are nevoie de serviciile unui

# FROM SYDNEY TO BISTRIȚA

## SYDNEY EDITORS NOTE

One of the most important, avenues for understanding other people, other cultures – and perhaps the most profound – is art. It reaches well beyond travel and commerce, as well as beyond diplomacy and political alliances. Be it music, the visual arts, or literature – art strikes with both immediacy and impact, at the deepest level of our humanity – our emotions.

I know, disciples of rational thinking will argue otherwise, that rationality is the most important hallmark of our humanity. Of course, they are profoundly wrong! It is indeed our capacity for emotion, for deep love and empathy to the point of self-sacrifice – which distinguishes us. As a poet, I am bound to say that...

But philosophical debate aside, poetry – this deepest and most direct form of communication (which often bypasses the rational and touches the heart directly) – is one of the best forms of getting a grasp of the soul of a nation, a people, a tribe. There is no purer sense of the identity of a group, save for music, perhaps.

That is because, unlike music, poetry, to be appraised and appreciated in another language, needs the services of a

traducător. Un mijlocitor, un mediator. Această meserie, a doua cea mai veche de pe pământ, este una problematică. Pentru că, precum cu prostituatele (cea mai veche meserie, se zice...) nimeni nu are deplină încredere în traducători. Iar vechea zicală italiană „Traduttore, traditore", traducătorul e un trădător, este aplicabilă cel mai apt pentru traducerea de poezie. Aceasta este adesea riscant, abordată uneori cu prețul vieții...

Totuși, „partenerul meu de crimă" la traducerea acestui volum, Zorin Diaconescu, a făcut la un moment dat o observație ce mi se pare foarte pertinentă...

Traducătorii, a zis el, sunt de fapt niște agenți dubli, cărora le pasă de interesele ambelor părți: atât de originalul din limba sursă, cât și de rezultatul din limba țintă. Eu sunt un fel de Mata Hari sau James Bond, dar fără răufăcători, ci doar mânați de dorința de a transfera, de a căra dacă vreți, arta peste puntea îngustă și alunecoasă dintre două limbi, două culturi, două feluri deosebite de a vedea lumea.

Dar Zorin și cu mine în zadar avem asemenea vise de glorie despre cât de „important" este rolul unui astfel de mediator. Adevărul este că fără poeți și poemele lor, fără riscul infinit mai mare pe care ei și-l asumă de a-și dezveli sufletele, de a rămâne goi în fața noastră a tuturor – Zorin și cu mine n-am avea nimic de făcut.

Dar iată contextul lucrării de față... Fiind Român care s-a așezat pe țărmul Oceanului Pacific acum patruzeci de ani (inițial în Noua Zeelandă, iar de treizeci de ani în Australia), scriu și trăiesc înlăuntrul a două culturi, două limbi, engleză și română.

Acum vreo doi-trei ani am avut privilegiul să fiu invitat a participa într-o „clasă de poezie" condusă de eminenta poetă australiană Judith Beveridge (căreia i s-au decernat de-a lungul timpului multe premii și distincții, ultimul fiind Premiul Primului-Ministru, în 2019). Judith nu este doar un poet, ci și un pedagog extrem de generos – pasiunea ei este de a susține pe alții să-și rafineze talentul poetic.

translator. A go-between, a mediator. This trade, probably the second oldest on earth, is a fraught one. For as with prostitutes (this is the oldest trade, they say...) nobody quite trusts the translator. And the old Italian adage "Traduttore, traditore", the translator is a traitor, applies nowhere more aptly than in poetry translation. It can be a risky, life-threatening business at times...

However, my „partner in crime" for translating the volume in front of you, Zorin Diaconescu, once made an interesting and I believe pertinent observation...

Translators are, he said, in fact, double-agents, who care deeply about the interests of both sides: the original poem in the source language, as well as the result in the target language. A Mata Hari or James Bond of sorts, sans the baddies, only with a desire to transport art, carrying it as it were, on that narrow and slippery footbridge between two languages, to different cultures, two differing world-views.

However... Zorin and I can fantasize all we want about this "important" role of the mediator. The truth of this matter is that without the poets and their poems, without the infinitely greater risk they take, to bare their soul, to have the courage to stand naked in front of all of us – the likes of Zorin and I would have nothing to do.

Some background is necessary here – to give context to this work. Being of Romanian heritage, and having settled on the shores of the Pacific for forty years (initially in New Zealand, the last thirty in Australia) I live and write inside two cultures, two languages.

Two or three years ago I had the privilege to be invited to participate in a "poetry class" lead by the eminent Australian poet Judith Beveridge (winner of many awards, including, among others, the 2019 Australian Prime Minister's Award). Judith is not just a poet, but also an excellent and extremely generous pedagogue – her passion is to help others polish their poetic skills.

Așa că, după ce s-a pensionat din postul de Lector Universitar în Scriere Creativă la Sydney University, ea a organizat această „clasă de poezie", unde am colegi poeți realizați, mulți dintre ei cuprinși în antologii importante din Australia (și cu ocazia acestui volum, și pe plan internațional!). Continui să învăț multe de la ei.

Dar trebuie să vă duc acum de cealaltă parte a globului,în țara mea de origine, România, unde acum doi ani am primit invitația din partea Palatului Culturii din Bistrița, a d-lui Dorel Cosma și a d-nei Maria Herineanu, de a lansa câteva volume de-ale mele în frumosul lor oraș. Au acolo un grup puternic de poeți talentați, care au susținut cu generozitate acest eveniment lansare-de-carte. Am continuat implicarea mea în evenimentele organizate de ei, pe internet în zilele astea..., evenimente internaționale incluzând poeți, scriitori, români și ne-români, de pe toate meridianele.

În interesul colegilor și conaționalilor mei australieni, Bistrița este capitala județului Bistrița-Năsăud, o frumoasă regiune deluroasă și muntoasă situată înspre nordul României, în Transilvania. Orașul este de mărimea Gosfordului, dar se „simte" mai degrabă ca Newcastle (un oraș mult mai mare). Am găsit acolo, spre surpriza mea, un centru cultural vibrant, care activează cu câteva divizii mai sus decât mărimea lui. Orașe mult mai mari, atât din Australia cât și din România, ar trebui să invidieze Bistrița și să ia exemplu de la acest oraș. Calitatea, intensitatea și amploarea internațională a evenimentelor organizate de Palatul Culturii sunt excepționale.

Și acum revenim la producerea acestui volum...

Ideea s-a înfiripat după un asemenea festival internațional de poezie – care a unit poeți din România și alte țări europene, dar și din Turcia, America de Sud și de Nord, ca și din Australia (subsemnatul!). Într-o discuție cu neobosita Maria Guther – Herineanu, care preferă să rămână în umbră și să facă o muncă de organizare excepțională!) ne-am întrebat „de ce nu?!".

After retiring from her post-graduate lecturing position in Creative Writing at Sydney University, she established this "poetry class", where I have as colleagues accomplished poets, included in important Australian anthologies (and with this volume, internationally as well!!). I keep learning from them a lot.

But I have to take you now to the other side of the world, to my country of origin, Romanian, where some two years ago I received an invitation from the Palace of Culture in Bistriţa, from Dorel Cosma and Maria Guther-Herineanu, to launch a few volumes of mine in their beautiful city. They have a strong poetry– circle, some amazing poets, who generously supported this book-launch event in their town. I continued to be involved in other events, hosted by them, online these days..., international events which include Romanian and non-Romanian poets and writers from far and wide.

For the benefit of my Australian colleagues and co-nationals, Bistriţa is the district capital of the Bistriţa-Năsăud County, a beautiful hilly and mountainous region situated in the north part of Romania, in the province of Transylvania. The city is about the size of Gosford, but it feels more like Newcastle if you like. I found there, to my surprise, a thriving cultural centre, which punches several notches above its weight. Many bigger cities, in both Australia and Romania, would envy what is going on there and could follow its example. The quality, intensity, and international span of the events organized by the Palace of Culture are exceptional.

And this is how we came to produce this volume... It was after one such international poetry festival – which united poets from as far as Romania, other European countries but also Turkey, South America, North America, and Australia (me!) – that the idea arose, leading to this work in front of you. In a discussion with the industrious and tireless Maria Guther-Herineanu (an amazing lady, who prefers to stay in the background and carry out exceptional organizing work!) we said to each other, "why not do this?!".

Palatul Culturii din Bistriţa, dr. Dorel Cosma, au răspuns pozitiv acestei sugestii.

O notă importantă aici: din două motive, volumul de faţă iese puţin din tiparele definiţiei stricte ale celor două grupuri de poeţi.

Mi-am permis să includ şi câţiva poeţi români din Sydney, care de-a lungul anilor m-au sprijinit, prin mediul Academiei Australiano– Române pentru Cultură, tocmai în această muncă de colaborare culturală dintre Australia şi România – şi anume Adriana Paul, George Roca, Maia Kodrin, Cătălin Anastase. Sunt convins că ei merită includerea în volum din două motive – atât talentul poetic, cât şi implicarea multi-culturală.

Dar... pentru ca acest volum „să se întâmple", mai era nevoie de o piesă importantă, de fapt sine qua non. Este foarte fortuit că Bistriţa este oraşul în care trăieşte un traducător tri-lingv (română/engleză/germană) de clasă mondială, şi anume Zorin Diaconescu. Am petrecut destul timp cu Zorin – bucurându-ne de mâncare şi băutură excelente la restaurantul lui, Terasa Doamnelor, din centrul Bistriţei. Zorin nu e doar un poet şi traducător de primă mână, ci şi un rafinat întru-ale mâncărurilor şi băuturilor – (sunt gelos pe el pentru asta!). De îndată ce m-am adresat lui, propunându-i ca el să traducă poeţii din Grupul Bistriţa în limba engleză, iar eu să reprezint poeţii din Sydney în direcţia opusă – Zorin a răspuns imediat, pozitiv, şi cu entuziasm.

Mulţumesc celor două grupuri de poeţi, situate fizic la „colţuri" opuse ale planetei, care au acceptat cu graţie să participe în acest experiment poetic, pe care-l aveţi în faţă în acest volum. După cum am spus, fără ei volumul de faţă n-ar exista.

Mulţumiri şi deosebite aprecieri pentru colega mea la munca de traducere şi editare a poemelor venite din Australia, Adriana Paul. Ca şi în alte cazuri (Adriana a contribuit la volumul

Why not carry out a poetic dialogue between the two groups of poets from Bistriţa and Sydney?" The Palace of Culture in Bistriţa, Dr. Dorel Cosma, answered positively to this suggestion.

An important note here: for a couple of reasons, the volume goes a little bit outside the strict definition I gave for the two groups of poets involved. I took the liberty to suggest and include few Romanian poets from Sydney, who have helped me over the years, as part of the Australian-Romanian Academy – precisely with this work of building cultural bridges between Australia and Romania – Adriana Paul, George Roca, Maia Kodrin, Cătălin Anastase. On account of both their poetical talent and their cross-cultural contribution, I believe they deserve to be included.

Still... for this volume to occur, there was another vital piece of the puzzle which was sine qua non. Fortunately, Bistriţa is also the home-town of a world-class trilingual (Romanian, English, German) translator, Zorin Diaconescu. I got to spend quite a bit of time with Zorin – enjoying great food and beverages at his very pleasant restaurant, Terasa Doamnelor (The Ladies Terrace, in the centre of Bistriţa – Zorin is an excellent food & wine connoisseur, as well as a great poet and translator – I am jealous!). As soon as I reached out to him, proposing that I translate into Romanian the work of the Australian poets, and he translates in the opposite direction, the Romanian poets into English, he replied quickly, positively, and enthusiastically.

I am very thankful to two groups of poets physically situated at opposites "corners" of the planet, who have graciously agreed to participate in this exciting poetical experiment, which you witness in this volume. As mentioned, without them, this volume would not exist.

Deep thanks and appreciation is due to my colleague Adriana Paul, who helped with the editing and translation from the Australian side. Her poetical sensibility and attention to detail provided

*Poezia Românească de la origini și până în prezent* ), sensibilitatea ei poetică și atenția ei la detaliu au contribuit hotărâtor.

În final, mulțumesc lui Dorel Cosma, Palatului Culturii Bistrița Societății Conexiuni Literare, lui Menuț Maximinian, lui Zorin Diaconescu, în primul rând pentru efortul depus la editarea volumului original apărut la Bistrița în Decembrie 2020 – Antologie Româno-Australiană (editura Nosa Nostra), ca și pentru permisiunea generoasă de a folosi materialul poetic și editorial pentru a putea edita și tipări acest dialog de poezie și în Australia și alte părți ale lumii sub egida Editurii Academiei Australiano-Române. Cunoscându-le pasiunea pentru angajare internațională, sunt convins că viitorul ne va mai oferi ocazii să cooperăm.

DANIEL IONIȚĂ
26 ianuarie 2021
Canberra – Australia

a major contribution, as in the past (Adriana contributed to the volume *Romanian Poetry from its Origins to the Present*).

Finally, I am thankful to Dorel Cosma and the Palace of Culture in Bistrița, to the Literary Society Connecțiuni/Connections and Menuț Maximinian, to Zorin Diaconescu, first for originally editing and publishing this in Bistrița in December 2020 (Romanian Australian Anthology, Nosa Nostra Publishing), as well as for their generous offer to let us use that material to edit and publish the present volume for Australia and the rest of the world, under the banner of the Australian-Romanian Academy Publishing. Knowing them, and their passion for world-wide artistic engagement, I believe the future will bring us more opportunities to cooperate.

DANIEL IONIȚA
26 January 2021
Canberra – Australia

## MONA ZAHRA ATTAMIMI

este o poetă de origine arabă-indoneziană. A petrecut parte din copilărie în Jakarta, Washington DC, și Manila, iar de la vârsta de nouă ani locuiește în Sydney. I-au fost publicate poeme în revistele Manjin, Cordite, Westerly, ca și în antologii din diferite țări. A primit în 2019 Asia Link Arts Exchange în Indonezia.

## Mangostan

Nu te ruga, nu vărsa lacrimi
nici nu pune jerbe pe mormântul meu
ci îngroapă-mă sub un mangostan
de-ndată ce m-am întărit ca plumbul.

După ce mor, picură suc de mangostan,
și stoarce arilii albi și dulci
până ce sucul lor
îmbibă giulgiul meu. Și când mor,

îmbălsămează-mi capul și învelește-mi
dinții în coaja neagră-purpurie,
lasă ca rădăcinile de mangostan
să-mi însicrieze oasele, pielea, coloana vertebrală.

când vine noaptea, lasă-mă să foșnesc frunzele
cu brațele mele de fantomă, și să
sperii maimuța hoață care urcă
pe ramurile cu fructe.

De-ndată ce sunt proaspăt moartă și îngropată sub
fructele căzute, lasă țărâna și iarba
să-mi mureze inima și ficatul
în puroiul ceresc al mangostanului

MONA ZAHRA ATTAMIMI is an
Arab-Indonesian poet. She lived as a child in
Jakarta, Washington DC and Manila, before
settling in Sydney at age nine. Her poems have
appeared in Southerly, Meanjin, Cordite, Westerly
and local and overseas anthologies. She was
the recipient of the Asia Link Arts 2019 Creative
Exchange in Indonesia.

# Mangosteen

Do not say a prayer, shed a tear,
nor place a wreath on my grave,
but bury me instead under a mangosteen
tree once I'm stiff like lead.

Once I'm dead, drip mangosteen milk,
and wring the sweet white arils
till its juices soak
my funeral shroud. And when I die,

embalm my head and tuck
my teeth in black-purple rind,
let the mangosteen roots coffin
my bones, skin and spine.

When night comes, let me rustle the leaves
with my ghostly arms, and let me
scare the thieving monkey that climbs
on its fruit-bearing branch.

Once I'm freshly dead and buried under
the fallen fruits, let the soil and grass
pickle my heart and liver
in mangosteen's heavenly pus.

## Nucă de betel

Zeii nu mai fac străbunici cum făceau mai demult.
A mea mirosea a pământ reavăn, nucșoară,
creștea viță de betel ca să-și hrănească obișnuința, mesteca și scuipa
nucă de betel până când buzele i se învinețeau și dinții se înnegreau.

Mirosea a pământ reavăn și nucșoară, frunze de viță
la *subuh* le împacheta în jetoane, mesteca
și le scuipa până când buzele se învinețeau și dinții se înnegreau
de cinci ori pe zi, ca ritualurile dinaintea rugăciunii.

La *subuh*, înainte de a împacheta și mesteca o bucată,
ungea frunzele cu lămâie verde, condimente și rășină. De cinci
ori pe zi, ca ritualurile de rugă, împacheta, mesteca, scuipa,
ca să-și împrospăteze respirația, și să scape de sarcină și de durerile facerii,

Un jeton mușcat umplut cu lămâie verde, condimente, nuci și rășină apucat
de degete înroșite aluneca pe buzele maronii și dinții negri
ca să-și împrospăteze respirația, să scape de sarcină și de durerile facerii.
și să-și relaxeze gâtul când citea Coranul dela dreapta la stânga.

Degete înroșite alunecând pe buzele-i maronii și pe dinții înnegriți.
O broboadă aruncată peste părul argintiu și pielea galbenă, o umbrea
de lume, când citea Coranul dela dreapta la stânga.
și mastica bucata ca o gazelă hrănindu-se cu trestie de zahăr.

# Betel Nut

The gods do not make great-grandmothers
like they used to.  Mine reeked of damp earth, nutmeg,
grew betel vine to feed her habit, chewed and spat
betel-quid till her lips ochered and teeth blackened.

She reeked of damp earth and nutmeg, plucked vine leaves
at *subuh*, wrapped them into quids, chewed
and spat them till her lips ochered and teeth blackened
five times a day, like the ablutions before a prayer.

At *subuh*, before she wrapped and chewed a quid, she
smeared the leaves in lime, spices, nuts and resin.  Five
times a day, like ritual prayers, she wrapped, chewed, spat,
to freshen her breath, and purge childbearing and labour pain.

A bitten quid stuffed with lime, spices, nuts and resin gripped
by reddened fingers glided across tawny lips and black teeth
to freshen her breath, purge childbearing and labour pain,
and relax her neck as she read the Quran from right to left.

Red-stained fingers glided across her tawny lips and black teeth.
A loose scarf, draped over her silver hair and yellow skin, shaded
her from the world as she read the Quran from right to left,
and masticated a quid like a gazelle feasting on sugar-grass.

O broboadă aruncată peste părul argintiu și pielea galbenă, o ferea
De privirile ciurdei de copii în timp ce scuipa mucusul negru într-o cutie
de conserve
și mastica ca o gazelă hrănindu-se cu trestie de zahăr. Atâta
mușcat al nucii de betel îi topea fața într-un zâmbet negru-însângerat.

Ciurda ei de copii se uita cum scuipa mucusul negru într-o cutie.
O frunză împachetată și mestecată îi amorțea mintea și topea
fața ei crispată într-un zâmbet negru-sângeriu.
Zeii nu mai fac străbunici cum făceau mai demult. A mea mirosea a nucă
de betel.

A loose scarf, draped over her silver hair and yellow skin, shaded her from the brood's glare as she spat black mucous into a tin-can and masticated like a gazelle feasting on sugar-grass. So much chomping on betel nut melted her face into a black-bloody smile.

Her brood glared as she spat black mucous into a can. A leaf wrapped into a quid and chewed, numbed her mind and melted her wry face into a black-bloody smile. The gods do not make great-grandmothers like they used to. Mine reeked of betel nut.

## Cătălin Ovidiu Anastase

născut în orașul Constanța, pe țărmul Mării Negre (locul de exil al poetului antic Ovidiu), Cătălin Anastase a emigrat cu familia inițial în Noua Zeelandă și apoi în Australia. Cătălin este un artist... versat, fiind actor profesionist (a absolvit Institutul de Artă Teatrală și Cinematografică din București), artist fotograf, și de asemenea și poet. Cătălin este membru fodator al Academiei Australiano-Române pentru Cultură.

## Timpul

Timpul se agața de mine
Implicându-se ca o momeală mosor
Deșirând într-o parte momente
Împletind amintiri în cealaltă parte
O haină a vieții brodată de zor
Cu dor...

Se întreabă pe sine, te întreabă pe tine
De când până când vrei să mori,
de unde să te renaști
Dimineața cu zarva văpaie devreme
Un gând reactor te ridica în eter

Timp trece prin poartă,
sub poartă, spre poartă
A fost cum va fi iar de mâine era
Că inima ta
Cu fast și cu teama se torcea pe soarta ta
Timpul era... tot așa neschimbat
Tot ce ți-a luat, el tot ți-a dat
Și tot ce ți-a dat, pe veci e luat

CĂTĂLIN OVIDIU ANASTASE born in the city of
Constanța, on the shores of Black Sea (ancient poet Ovid's
exile place...) Cătănin Anastase emigrated with his family
initially to New Zealand and then to Australia. Cătălin is well
versed... in the arts, being a professional actor (he graduated
from the Bucharest Institute for Theatre and Cinematography)
and photographer, as well as a poet. He is a founding member
of the Australian-Romanian Academy for Culture.

## Time

Time clings to me
Getting involved like a lure on a spool
Unraveling moments on one side
While on the other plaiting memories
A coat of life, embroided in a hurry
With longing...

It questions itself, it enquires of you
From what point to what point do you want to die,
from where do you wish to be reborn
In the morning the clamour is aflame early
A reactive thought lifts you up into the ether

Time passes through the gate,
Underneath the gate, toward the gate
All was like it will be and from tomorrow like it might have been
For your heart
With pomp and fear would spin itself out on your fate
Time was... unchanging just like before
All that it took away from you, it gave you back all the same
All that it gifted you, it took away forever.

## Șireata lună

Luna se strecoară prin cartier
Bârfind prin spatele caselor
Te uiți la ea și e jumate apărută
Iar te uiți și ea e sus

Șireată lună
Care știe ce e în capul fiecăruia
Mai ales cât a iubit
Sau cât nu a iubit
Fiecare o vede în altă culoare

Plină ca o femeie gravidă unsă cu ulei
Se urcă sus pe cer
Arătând semne de urticarie
Pe burta ei astrală

Șireată lună
Se face că stă locului
Dar se mișca rând cu rând
Ca un Do major care se crede La

Șireată lună
Face mii de fete să te îmbete
De bucurie sau de tristețe
În timp ce cerul se strecoară pe sub ea
Ca o față de masă trăgând în jos
Făcând-o să urce tot mai sus

Șireată lună
Cu cât se vede mai mare cu atât e mai mică
Iar urcă când pe aripi de văzduh argint
Se face mică, atunci devine mare
Pentru tine...

# Cunning Moon

The moon passes stealthily through the neighbourhood
Gossiping behind the houses
You look at it and it is half revealed
You look again and it sits above

Cunning moon
Knowing what goes on in everybody's head
Especially how much one loves
Or how much one is loved
Everybody sees the moon in a different hue

Full, like a pregnant annointed woman
It climbs on the sky
Revealing traces of a rush
On her astral belly

Cunning moon
Pretends to be pinned in one place
But it moves little by little
Like a C Major identifying as an A

Cunning moon
Changes her countenance a thousand times
With joy or with sadness
While the sky eeling its way beneath it
Like a tablecloth beeing pulled down
Causing the moon to climb higher

Cunning moon
The bigger it looks the smaller it is
And as it climbs on the silvery wings of the sky
It becomes smaller, and that is when it becomes bigger
For you...

# VASILE BENI

este membru al Societății Scriitorilor
Bistrițeni „Conexiuni" și al UZPR – Uniunea
Ziariștilor Profesioniști din România.
A publicat un volum de predici
și meditații creștine.

## Dor de Sângeorzul-Nou

*(Am fost preot în Sângeorzul Nou 15 ani)*

Nu știu de ce, dar totuși sunt
Cuprins de nostalgie,
Când amintiri mă năpădesc
Privind spre satul drag, Sângeorzul de Câmpie.
Multe locuri sunt frumoase
Dacă privim în lume pe acest pământ,
Dar cred că unul dintre ele
Rămâne locul cel mai drag și sfânt.
În zori de zi, în fiecare dimineață
Când soarele răsare de la Burici,
Un bulgăre de aur ne trezește
Privim spre el și parcă zicem:„Doamne miluiește!"
Privesc spre toți și parcă-i văd ș-acum
La ceas de seară uneori târzie,
Cum în ajun de sărbători sau de Duminici
Cu traista de prescuri se pregăteau de Liturghie.
Sângeorzul Nou, un sat cu oameni de omenie!
Îmi este drag și-mi este dor,
Cu amintiri frumoase sau poate mai puțin plăcute
Și totuși.........de Sângeorz îmi este dor!

VASILE BENI is a member of the
Society of Writers from Bistrita
"Connections", UZPR – Union of Professional
Journalists in Romania. He has published a volume
of Christian sermons and meditations.

# Missing Sângeorzul-Nou

*(I was a priest in Sângeorzul Nou for 15 years)*

I don't know why, but I'm still full of nostalgia,
When memories haunt me
Looking towards my dear village, Sângeorzul de Câmpie.
Many places are beautiful
If we look at the world, at this earth,
But I think one place
Remains the dearest and holiest place for me.
At dawn, every morning
When the sun rises from Burici,
A lump of gold awakes us
We look at it and we seem to say: "God have mercy!"
I look at everyone and
I seem to see them, even now.
At the evening hour, sometimes late,
like on the eve of holidays or Sundays
With the bag of wafers they had prepared for the mass.
Sângeorzul Nou, a village with people full of humanity!
I love and miss you,
With memories, sometimes beautiful, sometimes less pleasant
And yet.........I miss Sângeorz!

# JUDITH BEVERIDGE

locuiește în Sydney, Australia și este autoarea a șapte volume de poezie, ultimul, *Sun Music: New and Selected Poems* fiind premiat cu Premiul de Poezie al Primului Ministru, 2019. I s-au decernat, de asemenea, Medaliile Memoriale Christopher Brennan și Philip Hodgins pentru excelență în literatură. A fost redactor pentru poezie la prestigioasa revistă literară „Meanjin" între 2005-2016.

## Culegătoarea de șofran

*Pentru obținerea unui kilogram de șofran,*
*e necesar să se culeagă 150 000 de flori*

În curând se va apleca din nou deasupra fiecărei flori,
simte cum cântarul hotărât de soartă, de ghinion
este de un tonaj uriaș: o greutate opusă

timpului. Curând, soarele va transpune umbrele sale
pe fețele copiilor. Ea cunoaște
ecuația: câte stigme echilibrează fiecare

zi cu următoarea; câte zile împart
o porție de mâncare; câte ronduri de strălucire
trebuie să facă soarele până când destul galben

ajunge ca să facă lingura grea. Ea întinde o pânză,
cheamă zerourile gurilor copiilor ei care sunt în competiție.
Un șorț plin devine măsura ei standard –

JUDITH BEVERIDGE lives in Sydney, Australia and is
the author of seven collections of poetry, most recently
*Sun Music*: New and Selected Poems which won the
2019 Prime Minister's poetry prize. She has also been
awarded the Christopher Brennan and Philip Hodgins
Memorial Medals for excellence in Literature. She was
poetry editor for "Meanjin" from 2005-2016.

## The Saffron Picker

*To produce one kilogram of saffron, it
is necessary to pick 150,000 crocuses*

Soon, she'll crouch again above each crocus,
feel how the scales set by fate, by misfortune
are an awesome tonnage: a weight opposing

time. Soon, the sun will transpose its shadows
onto the faces of her children. She knows
equations: how many stigmas balance each

day with the next; how many days divvy up
the one meal; how many rounds of a lustrous
table the sun must go before enough yellow

makes a spoonful heavy. She spreads a cloth,
calls to the competing zeroes of her children's
mouths. An apronful becomes her standard –

și acele câmpuri mov de o echivalență nefastă.
Întotdeauna acea greutate în șorțul ei: indivizibila
foame care nu are niciodată lipsa de greutate a florilor.

and those purple fields of unfair equivalence.
Always that weight in her apron: the indivisible
hunger that never has the levity of flowers.

# Fogbow, Scoția

tatălui meu

Nimic nu arată mai trist
decât acest arc pal de lumină dincolo de dig –
ca un curcubeu secătuit de culoare. Și știu

că dacă vântul ar săpa mai adânc, ar exista un pentimento*
înlăuntrul ramei : insule la orizont,
pescăruși murdăriți cu cretă, trecutul un crochiu

al ploii mohorâte. Mergem de-a lungul
falezei, mirosind scrumbiile și batogul stivuite
pe chei, auzim apa cum pleoscăie, cu un râs ursuz :

nu avem încă nici o viziune – doar o ofrandă rece de alb –
o completă trasmigrare a culorii spre viața de apoi.

---

* *pentimento* – schimbare a unei picturi efectuată de pictor și rămasă în stratul de
dedesubtul finalului. Uneori aceasta reapare, dacă stratul final se deteriorează în timp.

# Fogbow, Scotland

for my father

Nothing looks more full of sorrow
than this pale arc of light on the mist beyond the sea wall—
a rainbow drained of colour. And I know

if the wind scoured deeper there'd be a pentimento*
inside the frame: islands on the horizon,
kittiwakes daubed in chalk, the past a sketch

of pouring rain. We walk the length
of the esplanade, smell the herring and cod stacked
on the pier, hear water splash, a sullen laughter:

still no view—only a cold offering of white—
a wholesale transmigration of colour to the afterlife.

---

* *pentimento* – change made by a painter during the process of paining, usually hidden
beneath the top layer. Sometimes this becomes visible if the top layer deteriorates.

## ELENA M. CÎMPAN

este membră a Societății Scriitorilor Bistrițeni „Conexiuni", a Uniunii Scriitorilor Profesioniști din România și a Uniunii Ziariștilor Profesioniști din România (UZPR). Președintele UZPR – Filiala Răsunetul Bistrița. A publicat 30 de cărți, poezie, critică literară, eseu, jurnal, proză scurtă, traduceri, antologii.

## Îl aud rostind „Eu oricum sunt cel mai bun" și mă bucur

Ca peștele în apă,
Ca ochiul de sub pleoapă,
Ca biserica din cătun,
Eu oricum sunt cel mai bun!

Ca Zeul din Olimp,
Ca secunda pentru timp,
Ca norocul de acum,
Eu oricum sunt cel mai bun!

Ca poetul în poezie,
Ca omul în copilărie,
Ca vremea pentru drum,
Eu oricum sunt cel mai bun!

Ca pasărea cea din zbor,
Ca un sinonim la dor,
Ca un vis uitat nicicum,
Eu oricum sunt cel mai bun!

(26 mai, 2020)

ELENA M. CÎMPAN is a member of the
Society of Writers "Connections" from Bistrita,
of the Union of Professional Writers in Romania and of
the Union of Professional Journalists in Romania (UZPR).
President of UZPR – Răsunetul Bistrița Branch. She has
published 30 books, poetry, diaries, literary criticism,
essays, short prose, translations, anthologies.

# I hear him say "I'm the best anyway" and I'm glad

Like fish in the water,
Like the eyelid over the eye,
Like the village church,
I'm the best anyway!

Like the God of the Olympus,
Like a second for time's sway,
Like the luck happening now,
I'm the best anyway!

Like the poet in the poems,
Like a person in his childhood's way,
Like the weather for the road,
I'm the best anyway!

Like the bird in her sweet flight,
Like a longing gone astray,
Like a long forgotten dream,
I'm the best anyway!

(May 26, 2020)

## Lume dreaptă, ca o linie, din ce în ce mai subțire și ușor de rupt

Nu, nu!
Lumea nu se înalță la cer!
Trupul ei, sufletul ei, gândul ei nu urcă,
Ci coboară înspre pământ,
Cu picioare, cu mâini, cu tăcere;
Lumea e o monedă caldă
Apăsată de o nelume rece și necunoscută;
Ziua strânge, noaptea strivește,
Lumina obosește, întunericul doare;
Deasupra lumii trec zilnic păsări călătoare,
Lumea se micșorează,
Cu câte un an, cu câte un prieten,
Până ajunge o lume mică,
Din măreția-i doar o urmă;
Ne străduim,
Dar suntem caraghioși la vârsta noastră,
Gata să ne uscăm ca frunzele...
Nu, nu!
Lumea aceasta nu se va înălța niciodată la cer!

(25 mai, 2020)

# A Straight world, is like a line,
## getting thinner and easier to break

No, no!
The world does not ascend to heaven!
Her body, her soul, her thought does not ascend,
But they all descend to the earth,
With feet, with hands, with silence;
The world is a warm coin
Pressed by a cold and unknown unworld;
The day presses, the night crushes,
The light tires, the darkness hurts;
Traveling birds pass over the world every day,
The world shrinks,
With a year, with a friend,
Until it becomes a small world,
From its former greatness there is only a trace;
We strive,
But we look ridiculous at our age,
Ready to dry like leaves...
No, no!
This world will never ascend to heaven!

(May 25, 2020)

# Dorel Cosma

este membru al Societăţii Scriitorilor
Bistriţeni „Conexiuni", al Uniunii
Scriitorilor Profesionişti din România şi
al UZPR – Uniunii Ziariştilor Profesionişti
din România. A publicat 35 de cărţi,
poezii, jurnal, eseu, antologii.
Este director fondator – „Conexiuni".

## plus 65

Am fost un jucător
ce-a adunat idei
chiar sacrificii,
aş vrea şi-acum
să mai alerg
cu risc, probleme, griji
şi nu doar – jucăria vieţii
stopată – cînd
ne-au trecut la
inutili.
Fugim prin timp
cu gândul la copii
cu întrebări de educaţie,
adăpost, de sprijin,
responsabilităţi,
mistuitorul foc – alungă-l!
Acum! Când clipa
încă nu e fum.
Oricât ai suferi

DOREL COSMA is a member of the
Society of Writers "Connections" from Bistrita,
of the Union of Professional Writers in Romania
and of UZPR – the Union of Professional
Journalists in Romania. He has published
30 books – poems, diaries, essays, anthologies.
He is the founding manager of "Connections".

# plus 65

I was a player
who gathered ideas,
even sacrifices,
I would still like
to run
taking risks, problems, worries
and not only – the toy of life
stopped – when
they labeled us
useless.
We run through time
thinking of children
with questions about education,
shelter, support,
responsibilities,
the devouring fire – let it be!
Now! When the moment has
not yet turned into smoke.
No matter how much you suffer,

eşti pus de-oparte,
se uită repede,
nimic nu se opreşte-n
destrămarea nopţii.
Te îmbolnăveşti uşor
deschizi cu greu
o mână fericită
să te menţii în formă,
zâmbeşti
dar nu ca-n restul vieţii,
cu teama
să nu devină amintire.
Şi totuşi,
nu lăsa trecutul
să alerge după tine,
nici viitorul
să acumuleze spaime!
Într-o secundă
viaţa-ţi poate fi schimbată,
trăieşte acum – prezentul –
ascuns de răsărit şi de apus!
+ 65?!
Iubeşte-ţi viaţa,
familia, aproapele,
scrie, îndrumă,
citeşte, aleargă!
În trenul vieţii
ţi-ai format un stil
fii mândru
în spirit şi speranţă
alege-ţi îngerul şomer
atent la exterior
parfumuri, creme, modă

you are put aside
and quickly forgotten,
nothing stops in the
unraveling of the night.
You get sick easily,
you hardly open
a happy hand
to keep fit, you
smile
but not like in the rest of your life,
for fear of
becoming a memory.
And yet,
do not let the past
catch up with you,
nor your future
gather fears!
In a second your
life can be changed,
live now – the present –
hidden from the east and the west!
+ 65?!
Love your life,
family, neighbor,
write, give advice,
read, run!
the train of life
you have developed your style,
be proud
in spirit and hope,
choose your unemployed angel
be attentive to your looks
perfumes, creams, fashion

şi fi ce eşti,
ce pentru tine
sună bine,
chiar de se-ncruntă
entuziaştii
din agitaţia nebună,
şi scapă de captura
biletului – Acces doar pentru dus.
Mi-e dor să plec
din timp,
să ies din casă,
botezuri, nunţi,
spectacole sau dans
să ascult răspunsuri,
întrebări
cu ton politicos,
cu lucruri bune
emoţii, bucurii
din viaţa ce se face vapori
apoi,
din şocul pietrelor
redevenim utili.
+65?!
Câţi n-au dorit
s-ajungă?
Dar s-au trezit târziu
din nebunia
plecată să adoarmă.
Nu vrem o viaţă
sub supraveghere
în şirul de vagoane
cu vise, amintiri,
nici condamnare

and be what you are
be what sounds all right
to you,
even if the enthusiasts
frown
in crazy agitation,
and make sure you escape the capture
of the one-way-only ticket.
I'm longing to depart
from time
to leave the house
baptisms, weddings,
shows or dancing
to listen to answers,
questions
with a polite tone,
with good things
emotions, joys
from a life that is vaporized
afterwards,
from the shock of the stones
we become useful again.
+65?!
How many did not want
to get here?
But they woke up late
from the madness
gone to sleep.
We do not want a life
under surveillance
in the row of cars
with dreams, memories
or condemnation

la singurătate
în goana timpului
ce cere timp.
Un soare orbitor
ne luminează
față-n față
informații, experiențe,
inteligență, afecțiune.
Eternitatea unei stele
nu se caută
nu se învață
prezentul nu e
nici ieri, nici mâine,
suntem doar ceea ce gândim
într-un poem nescris
iar pentru fericire
e nevoie și de tine.

(mai, 2020)

to loneliness
in the rush of time
asking for time.
A blinding sun
illuminates us
face to face with
information, experiences,
intelligence, affection.
The eternity of a star
is not sought
is not learned,
it is not present
it is neither yesterday nor tomorrow,
we are just what we think
in an unwritten poem
and fortunately,
happiness needs you too.

(May 2020)

## Mamei mele

Suntem toamna
ce vine şi trece,
valuri ce spală
faleze de nisip,
timpul ce schimbă
anii şi viaţa,
râuri ce curg
mereu la vale,
amintind când
mama striga
adunarea
şi aveam
pantalonii cu dungă
aranjaţi,
cămaşa călcată
la fir
şi masa gătită
mereu
cu migală.
Privitul îndelung
prin sticla
ferestrei centrale
când paşii
m-au dus
la şcoli mai înalte,
acasă eram
mereu aşteptat
chiar şi cu

## To My Mother

We are in autumn
what comes, goes away,
waves washing
sand cliffs,
time is changing
years and life,
rivers flowing
always down the valley,
remembering when
mother called
our gathering
and I had
ironed pants
in place,
an ironed shirt
to the thread
and cooked food
always
painstakingly done.
A long look
through the glass
of the central window
when the steps
that took me
to higher schools,
I was always expected
at home
even with

plete cărunte,
cu ani mulți
adunați,
rămân și astăzi
odorul din
sufletul mamei.
Și-acum,
când cu glasul
timid
întinde o mână
și-ți spune
c-o doare,
că-i greu
să nu ai soluții
în lumea modernă
de Zeu?
Ai vrea
ca fiu iubitor
să-i iei suferința,
să știe că ești
alături mereu,
așa cum și ea
ți-a insuflat
credința în bine,
în dragoste
și:
Să nu faci rău!
E greu
când nu poți,
când nimic nu ajută,
când obligat
accepți o lacrimă
în colțul de suflet.

gray hair,
with many years
gathered in them,
I remain today
the treasure of
mother's soul.
And now,
as with the shy
voice
she extends a hand
and he tells you
it hurts
that it's hard
to have no solutions
in the modern world
like a God?
You would want
as a loving son
to take away her suffering,
to know that you are
always by her side
just as she
inspired
your faith in good
in love
and:
Don't do evil!
It's difficult
when you're not able
when nothing helps,
when you are forced
to accept a tear
in the corner of your soul.

Durere ce simt
cu tic, tac
sufocat
și aș vrea s-o revăd
topind vitraliul
înghețat
și urcându-mă iar
în trenul vieții.
Dar timpul
privește tăcut
umbra apasă
mai tare
încerci o scurtă alinare,
mai strângi
o mână obosită
la piept,
ce bine-i că
poți spune:
Prezent!
și încă mai ești
copilul mamei...

(septembrie 2020)

The pain I feel
with a tick-tack,
suffocated
and I'd like to see her again
melting the frozen
stained glass
and climbing again
on the train of life.
But time
looks silent
the shadow presses
stronger
you feel a short relief,
you tighten
a tired hand
to the chest,
it's good that
you can respond:
Present!
and you are still
your mother's child!

(September 2020)

## ZORIN DIACONESCU

este membru UZPR – Uniunea Ziariștilor
Profesioniști din România, membru a Societății
Scriitorilor Bistrițeni „Conexiuni", a publicat
două Volume de traduceri și poezii.
Este traducător literar din română
în limbile engleză și germană.

## Selecție din muzică de Bach

Liniștea roșie la lăsatul serii încheie
memorii în pene de păun. Cuvintele
s-au născut din lacul delicat și violet
arta de a fi singur – cât de frumos ar fi

o hologramă concepută cu prost gust
din rațiuni electorale, eu – prea bătrân să emigrez
încă necopt pentru propriile funeralii
exclus din circuitul apei

în natură datorită acumulărilot. Acest poem
nu a fost autorizat, cuvintele au rămas
în afara gramaticii și noii contrabandiști sunt vrednici

ne târâm sub aripile marelui organist
a doua natură umană ne trădează mereu
les jeux sont faits, deci vom birui

ZORIN DIACONESCU. Member of UZPR –
Union of Professional Journalists of Romania,
member of the Society of Writers from Bistrita
"Connections", has published two volumes
of translations and poems. Zorin is a literary
translator from Romanian to both
English and German.

## Selection from Bach's Music

the red silence before the evening concludes
memories in peacock feathers. the words are
born out of the delicate purple lake the
art of being alone – it would be nice not to be

a hologram of bad taste designed
for electoral reasons, me – too old to emigrate
and still not ripe for my own funeral,
excluded from the water circuit

in nature due to cumulation. this poetry
was not authorized, the words remained
out of the grammar and new smugglers are worthy

we crawl under the flaps of the Great Organist
the second human nature always betrays us
les jeux sont faits, therefore we shall prevail

## Fake Poem

În satul nostru poeții pleacă doar după miezul
nopții, fără o rază de lună, citim din carnetul de note a
ajutorului șefului de post – poezia se preteză...
încrederea noastră e în suferință

cetățenii nu trebuie să creadă mare lucru despre
poezie – avem și noi tradiții și nu admitem
să ni se dea lecții, poezia nu e a lor
și nu știm ce mai fac acei poeți după

miezul nopții, poemul se cere distribuit
doar prin persoane autorizate, altfel
vom ajunge să citim poeme scrise

cu zeamă de ceapă, poeții vor aștepta
să se aprindă lumânările, să înceapă petrecerea
iar textele lor vor apărea din senin

# Fake Poem

in our village the poets leave only after midnight,
no moon shining, we read from the notebook of the
deputy sheriff – poetry is suitable...
our confidence has to suffer

citizens are not to imagine too much about
poetry – we have some traditions and we do not admit
being taught lessons, poetry is not theirs
those poets, we don't know what they do there, after

midnight, the poem is requested to be distributed
only by authorized persons, otherwise
we will get to read poems written

with onion juice, the poets were all waiting
for the candles to be lit, the feast to begin
and their texts to appear out of the blue

## VICTORIA FĂTU NALAȚIU

este membră a Societății Scriitorilor Bistrițeni
„Conexiuni", a Societății Române de Haiku
București, membră de onoare a Asociației
Bibliotecarilor din România (ABR).
A publicat 17 volume.

## Omagiu

(Mihai Eminescu)

În catedrală
Cresc visele românilor nețărmurite.
Nețărmurirea
Deschide mintea pe drumul stelelor.
Drumul stelelor
Dezvelește cristalele ascunse-n Multivers.
Multiversul
Cere un al treilea ochi, înaripat.
Înaripatul
Deține puterile din izvorul cunoașterii.
Izvorul cunoașterii
Are dorința călătoriei printre Universuri.
Printre Universuri
Cu puterile divine se preumblă chemații.

VICTORIA FĂTU NELAȚIU is a member of
the Writers' Society from Bistrita "Connections",
the Romanian Haiku Society of Bucharest, an
honorary member of the Romanian Librarians
Association (ABR). She has published 17 volumes.

# Tribute

## (Mihai Eminescu)

In the cathedral
The unchained dreams emerge.
The limitlessness.
Open your mind on the star ways.
The star ways
Uncover the crystals hidden in the Multiverse.
The Multiverse
Asks for a third eye, a winged one.
The winged one
Holds the powers from the source of knowledge.
The source of knowledg
Has the desire to travel through the Universes.
Between the Universes
Those Called wander with divine powers.

## Omagiu
(Nichita Stănescu)

Capriciile şi cutezanţa
Revoluţionează ideile viitorului.
Viitorul
Urmează prezentul, grăbind cunoaşterea.
Cunoaşterea
Aventura dorinţei ce cheamă revelaţia.
Revelaţia
Spiritualizarea unor gânduri măreţe.
Gândurile măreţe
Modelează umbrele cuvintelor magice.
Cuvântul magic
Trezeşte spaţiul luminos al iubirii.
Iubirea
Străluceşte înlănţuind frumuseţea supremă.

# Tribute
### (Nichita Stănescu)

Caprices and daring
Revolutionize the ideas of the future.
The future
Follows the present, encouraging knowledge.
Knowledge
The adventure of the desire that calls the revelation.
Revelation gives substance
To great thoughts.
Great Thoughts
Make up the shadows of magical words.
The magic word
Awakens the bright space of love.
Love
Shines by chaining the ultimate beauty.

# NICOLAE FEIER

Preotul profesor Nicolae Feier este, din 1994, preot în Bistrița la parohia „Sfinții Arhangheli Mihail și Gavril". Este membru de onoare al „Asociației naționale Cultul Eroilor". Este membru al Societății Scriitorilor Bistrițeni „Conexiuni", Membru al UZPR – Uniunii Ziariștilor Profesioniști din România. A publicat cărți de religie, istorie și literatură.

## Chenoza

Eu plâng râzând şi urc la vale
Pe urma coborârii Tale
Şi nu Te văd că Eşti ce Eşti,
Ci doar Te simt cu palma-n cui
Cum din nimic mă zămisleşti
Şi nu mă laşi a nimănui;
Cum mă topeşti într-un potir
Şi-apoi mă speli sub patrafir
Mă-mpărtăşeşti şi îmi eşti rob,
Tu, grâu ales tot bob cu bob,
Mă faci sămânţă-n sfânt pământ
Ca să răsar dintr-un mormânt
Când mi-i chema la nouă viaţă
Într-a-nvierii dimineaţă.

NICOLAE FEIER – the priest and professor
Nicolae Feier, since 1994 serving in Bistrita at the parish "The
Holy Archangels Michael and Gabriel". He is an honorary
member of the "National Association of the Cult of Heroes".
He is a member of the Writers' Society "Connections" from
Bistrita, of the Union of Proffesional Jurnalists in Romania.
He has published books on religion, history and literature.

## Kenosis

I laughingly weep, descending I climb
Behind Your coming down in time
From nothing You have wrought me, from afar
And yet, I still don't see You as You are,
But feel your palm nailed through the bone
So You won't leave me all alone;
You melt me in your holy cup
And wash me clean, with You to sup
You are my Eucharist and slave,
You, chosen wheat, best of the brave
You seed me in your holy bloom
To light You rise me from the tomb
To my new life You'll have me born
On that bright resurrection morn.

(Translated by Daniel Ionita)

## Cine-s eu?

Cine-s eu? Un dor şi-un vis,
O mărgică-ntr-un şirag
De strămoşi murind de darg
De pământ şi Paradis.

Cine-s eu? O nemurire
Şi un bulgăre de lut
Şi murit şi renăscut,
Pom al vieţii şi pădure

De păcate şi dureri
De lumină şi abisuri
Fund de iad şi paradisuri
De splendori şi de căderi.

Sunt poiană şi sunt schit
Sunt şi miel şi junghiere,
Vin şi fagure de miere
Şi străpuns şi nemurit.

Şi sunt Chipul Slavei Tale,
Dar mi-am întinat veşmântul
Spală-n Sânge necuvântul
Şi-n smerenie mă prăvale.

De-s furtună şi senin
Mă adună şi mă leagă
Ca un snop. Mă fă desagă
De prescură şi de vin.

# Who am I?

Who am I? A hope and a dream,
A bead in a string
Of ancestors dying for the longing
Of Earth and of Paradise.

Who am I? An immortality
And a lump of clay
Both dead and reborn,
Tree of life and forest

Sins and pains
Light and abysses
Hell's bottom and paradises
Spelndors and falls.

I'm a meadow and I'm a hermitage
I am both the lamb and the slaughter,
Wine and honeycomb
Both pierced and immortal.

And I am the Face of Your Glory,
But I soiled my clothes
Wash the unword in Blood
And in humility collapse me.

I'm stormy and clear
Gather me and bind me
Like a bundle, like a bag
of wafer and wine.

Scutură-mă-n zări de har
Tainei iconom mă ține
Şi învie pentru mine
Miel de Jertfă pe Altar.

Cine-s eu de pentru mine
Dumnezeu se dă pe Sine?
Fă-mă ca să fiu ce nu-s,
Floare-n raiul cel de sus!

Shake me in horizons of grace
The secret of the iconom holds me
And resurrect for me
the sacrificial Lamb on the Altar.

Who am I that for me
God gives Himself?
Make me what I am not,
a flower in heaven above!

## RODICA FERCANA

este membră a Societăţii Scriitorilor
Bistriţeni „Conexiuni".
A publicat 18 volume de poezii şi proză.

## *Cântec pentru EMINESCU*

Prin dansul fulgilor de nea
Te zăresc venind din lumi astrale
Emin, stea cu luciri de peruzea,
Noi, umbre-n paşii urmei tale.

De suferinţa 9 acestui neam,
Ai chipul drag mereu înlăcrimat;
Printre flori de gheaţă de pe geam,
Oglinda lunii te strecoară însingurat.

Coroană de lauri pe fruntea-ţi dalbă,
Înger blând din ceruri ades ivit;
Eşti a inimilor noastre salbă,
Măria Ta EMINESCU, cel nemurit!

RODICA FERCANA is a member of the
Writers' Society from Bistrita "Connections",
she has published 18 volumes of poetry and prose.

# Song for EMINESCU

Through the dance of snowflakes
I see you descending from astral worlds
Emin, star lighting up the heavens,
We, shadows in your footsteps.

Your lovely countenance has always been in tears;
for the suffering of your nation
the moon keeps mirroring you lonesome,
among the ice flowers on the window.

A laurel wreath on your forehead,
often appearing as a kind angel from heaven
You are the necklace of our hearts,
Your Majesty EMINESCU, you who never die!

## În murmur de amintiri

E primăvară,
Zăpadă de flori
Cade pe mine
Și renasc!
A câta oară?
În dulcele parfum
De suave magnolii,
Admir candelabrele albe
Din castanii-măreți strājeri
Pe același bătătorit drum.
Și ochii-mi, tainic le așează
În murmur de amintiri.
Cu aceste gânduri am vrut să ies din aburii pandemiei.

# In a murmur of memories

It's spring,
a snow of flowers
keeps falling on me
And I'm reborn!
How many times?
In the sweet perfume
of the soft magnolias,
I admire the white chandeliers
From the grandiose chestnut-guards
On the same beaten path.
And my eyes, secretly assemble them
In a murmur of memories.
With these thoughts I wanted to escape the mist
of the pandemic.

# CHARLES FREYBERG

este un poet și recitator poetic din Kings Cross (Sydney). Volumul *Cinând la margine* i-a fost publicat de Ginninderra Press. Alternează scriind despre excentricii centrelor orașelor și peisajele naturii – ambele amenințate cu dispariția, în zilele noastre. Volumul *Vila în paragină* va fi publicat în curând.

## Dans în spital

Privești prin venele mele înnodate
ca niște funii subțiri de pergament
conectate la o încrengătură de fire
ritmul inimii mele inegal
cu linii rupte portocalii.
mă ții de mână.
nu mai am dureri – doar amețeală.

Din nou și din nou mișcările din ochii tăi –
repeziciunea lor, începe să danzese
mă susții cu încredere, în timp ce cad,
mă tragi într-o săritură rotită
ca să mă învârtesc pe șoldul tău în mișcare,
apoi în sus, țip suspendat și planez
peste vârtejuri învălurite de rochii,

CHARLES FREYBERG is a Kings Cross (Sydney) poet and performance artist. His book *Dining at the Edge* is published by Ginninderra Press. He alternates writing about inner city eccentrics and bush landscape – both threatened with destruction in our times. He performs his work widely around Sydney. His new book *The Crumbling Mansion* will be released soon.

## Hospital dance

You stare through my wafer of skinpurple
ropes of knotted veins
connect to a mess of wiring,
the rhythm of my heart uneven
in jagged orange lines.
You're holding my hand.
No more pain – just dizziness.

Yet again, the moves are in your eyes
the bleeping quickens, starts to jive,
you hold me sure, and as I dive,
you pull me in a twisting bounce
to spin on your gyrating thigh,
then up, suspended screaming I glide
over swirling waves of dresses,

aterizând în bucuria ochilor tăi,
un duș de transpirație din părul zburând.
Mă ții de mână.
Ia-mă acasă, dragoste, sunt pregătit.
Noi doi suntem ultimii aici,
iar tu privești direct prin inima mea tresărindă.

landing in the exhilaration of your eyes,
a shower of sweat from flying hair.
You're holding my hand.
Take me home, love, I'm ready.
We're the last ones here,
you see right through to my jumping heart.

## Mutarea finală

„Mutarea ta."
Fața lui Beckett se holbează
din volumul lui de jocuri, zdrențăros,
gura-i într-un zâmbet strâmb.
precum trupul tău,
întins pe canapeaua de catifea ruptă
înfășurată în întuneric,
expresivele tale degete subțiri
deschizându-se să mă invite înăuntru,
apoi închizânduse într-un pumn
așa cum pisica sprintează în cercuri și urlă.
Portrete de femei – și eu –
sălbatec ca o pisică cu ochi absenți,
tăiate vârtejuri de roșu și albastru.
totul este distorsionat aici
ca un coșmar al unui Picasso precoce,
tot schimbându-se și căutând o formă,
camera este un craniu,
poziționăm un telescop prin fereastă
pe zeroul și griul de afară,
amputăm bucăți
plutim pe râu în jos,
înghiontindu-ne cu amiba extatică a lui Rimbaud,
hrănindu-ne cu nuci și vin albastru închis,
în timp ce sirenele și traficul și plânsetul
din camerele vecine pătrunde înăuntru.
De ce rămâi cu mine?
De ce mă ții?
toată harababura din capul meu,

# Endgame

"You to play."
Beckett's face is staring
from a tattered volume of his games,
his mouth a twisted smile,
like your body,
lounging on a torn velvet couch,
swathed in blackness,
your slender fingers expressive,
opening to invite me in,
then closing in a fist,
as the cat sprints in circles and yowls.
Portraits of women – and me
wild like the cat with faraway eyes,
swirl with slashes of red and blue.
Everything is distorted here,
like a precocious Picasso nightmare,
shifting and searching for a shape,
the room is a cranium,
we train a telescope through the window
on the zero and grey outside,
we amputate slices,
we float down a river,
jostling with Rimbaud's ecstatic amoeba,
feeding on snot and dark blue wine,
as sirens and traffic and weeping
from neighboring rooms seeps in.
Why do you stay with me?
Why do you keep me?
All the mess in my head,

cacofonia de voci
care mă rup în bucăţi
începe să se amestece cu gesturile mele,
Vocea mea sare într-un râs neverosimil,
tu storci băşica cutiei de vin
în căni violete pătate,
mângâiem pisica, simţindu-i rănile,
vorbim unul cu altul
în ritmuri încurcate
Aici începe arta.

the cacophony of voices
tearing me in pieces
starts to merge in my gestures,
my voice leaps with unlikely laughter,
you drain the cask's bladder
into our purple blotched cups,
we stroke the cat, feeling her scars,
we're speaking together
in a tangled rhythm.
Art begins here.

# JAMES GERING

este un memorialist, poet și scriitor de proză scurtă din Australia. I-au fost acordate mai multe distincții internaționale pentru poezie și povestiri. A fost numit Poet Emergent al anului 2018 de către Societatea Australiană a Autorilor. I-au fost publicate lucrări în Meanjin, Cordite, Rattle, Rockvale Review, și San Pedro River Review. James trăiește în zona Blue Mountains (în apropiere de Sydney) și practică alpinismul pe stâncile și prin canioanele din zonă, în căutarea geniului lui Rilke, a umilinței lui Cehov, și în general pentru a evada.

## Down Under* – Australia

Bazine de înot private punctează suburbiile
bunuri nemaidorite împodobesc trotuarele.

Material buretos amortizează locurile de joacă,
dacă cumva vor cădea copiii.

Caii poliției sunt îmbrăcați cu alb și albastru
și au deasemenea mici saci pentru balegă.

Nașterea reginei britanice
vestește o zi de concediu.

Primii miniștri sunt suflați înăuntru și afară
ca niște muște puhave.

---

* *Down Under* – în ciuda pleonasmului, sau poate datorită lui, Jos Dedesupt este o descriere eufemistică des folosită (chiar și de australieni), a Zonei Pacificului de Sud în general și a Australiei în special – privită bineânțeles dinspre emisfera nordică.

JAMES GERING is an Australian diarist, poet and short story writer. He has received various international awards and prizes for his stories and poems and was the Australian Society of Authors Emerging Poet of the Year, 2018. His publication credits include Meanjin, Cordite, Rattle, The Rockvale Review, and San Pedro River Review. James lives in the Blue Mountains, where he climbs the cliffs and rappels the canyons in search of Rilke's genius, Chekhov's humility, and escape in general.

# Down Under – Australia

Private pools dot the suburbs,
unwanted goods grace the sidewalks.

Spongy material cushions playgrounds,
lest the kids take a tumble.

Police horses wear the white and blue
and little dunny sacks too.

The birthday of the British queen
heralds a national holiday.

Prime Ministers blow in and out
like bloated flies.

Avioane brăzdează cerul cu reclame
de la coco pops la croaziere.


Femei fără sutiene stau la soare pe plajă,
nederanjate, netulburate,

în timp ce fluxul aduce la ţărm, refugiaţi dispreţuiţi,
iar însinguraţii caută dragostea online.

Planes plume the sky with adverts
for coco pops and cruise liners.

Topless women sunbathe at the beach,
unperturbed, undisturbed,

while the tide lands reviled refugees,
and the lonely seek love online.

## Degete scufundate în genocid

Înăuntrul latrinelor dela Auschwitz şi trebuind să-şi facă nevoile
Aaron se gândeşte la găurile negre din flanşele de beton.
Îi vine scârbă, se clatină spre lumina de afară, ocoleşte poiana
îngrădită cu gard de sârmă, cea cu rîndurile de dormitoare sinistre.

Vine un autobuz cu turişti, care vomită vizitatori într-o izbucnire
colorată.
O femeie arată spre o căruţă şi atunci îşi dă seama –
cum gărzile, în mod obişnuit, împingeau uşile grele
permiţând celor abia în viaţă să cadă peste cei de abia morţi.

Aaron are poftă de o băutură, acelaşi alcool pe care-l foloseau
soldaţii ruşi
ca să se lupte cu Hitler. Călăii dictatorului legau furtunul de la
eşapamentul dubelor de transport în docurile pline
cu evrei. Degete scufundate în genocid învârteau cheia în contact,

otrava râgâia în acele spaţii. Degetele comandantului Blobel
nu învârteau niciodată cheia, iar şoferul lui păstra o distanţă
respectabilă când conducea în urma dubelor către grămada de
gunoi uman.
Alcoolul preferat al lui Blobel era schnapsul. Dar nici acesta nu
reuşea să înece urletele.

# Fingers Dipped in Genocide

Inside the Auschwitz latrine block and needing to go,
Aaron considers the dark holes in the concrete flange.
He recoils, stumbles into daylight, skirts the wirefenced
meadow housing grim rows of dormitories.

A tourist bus arrives, disgorges visitors in a sally of colour.
A woman points at a cattle car and it hits home –
how guards routinely threw back the heavy doors
allowing the barely alive to tumble over the recently dead.

Aaron craves a drink, the same spirit Russian soldiers used
to fight Hitler. The dictator's henchmen fed a hose from
the exhaust pipes of mobile vans into the cargo bays crammed
with Jews. Fingers dipped in genocide turned the key,

poison belched into the hold. Commander Blobel's fingers
never turned the key, and his driver kept a healthy distance
when tailing the van to the human dump. Blobel's spirit
of choice was schnapps. It failed to drown out the screams.

# ALISON GORMAN

locuiește în Sydney. I-au fost publicate
poeme în numeroase reviste, cum ar fi Meanjin,
Southerly, Contrapasso și Cordite. A completat
un Masterat în Scriere Creativă la Universitatea
din Sydney și predă scriere creativă copiilor
de la Inkling Writing Studio, pe care l-a
înființat în 2019.

## 7:16 dimineața

Poate c-ar trebui să-ți spun că mă irită când mă suni
în fiecare dimineață din mașină. Știu că bei

cafea și asculți știrile. Vrei să vorbești despre facturi și
haine de curățat. Vrei să-mi spui că fii noștri adolescenți

stau prea mult în pat. Am observat că gazonul se usucă din
cauza umbrei? Sunt murdară până la coate de clăbuci gri,

frecând urme de ou de pe aragaz, arsură de pe tigaia de Pyrex.
Mașina de spălat își face ultima tură în timp ce pulpa de miel

dă în fiert. Va fierbe toată ziua, și se va destrăma
seara asta, la cină. Câinii sunt pe la glezne
mirosind mărunțișurile nemăturate. Coji de ceapă și brânză rasă.

Îmi dau jos în grabă mănușile roz ca să văd telefonul.

ALISON GORMAN lives in Sydney had her poetry published in several Australian literary journals including Meanjin, Southerly, Contrapasso and Cordite. She completed a Masters of Creative Writing at the University of Sydney and teaches creative writing to children at the Inkling Writing Studio which she established in 2019.

## 7:16am

Perhaps I should tell you it bothers me, when you phone
each morning from the car. I know you're drinking

coffee, listening to news. You want to talk bills
and dry cleaning. You want to tell me our teen sons

lie too long in bed. Have I noticed, our lawn is dying
from shade? I'm up to my elbows in grey suds,

scouring egg from metal rings, baked char from Pyrex.
The washing machine takes its final spin as lamb shanks

come to the boil. They'll simmer all day then fall apart
tonight, over dinner. The dogs are circling my ankles,
nosing unswept detritus. Onion skin and grated cheese.

I snap off my pink rubber gloves and check my phone.

7:16. Dacă-ți răspund, nu voi avea timp să-mi pun bocancii,
să parcurg poteca stâncoasă până la port

unde copacii Sheoak* sunt împodobiți cu rouă. Nici să ajung la chei
unde ferigile și lichenii cresc printre rocile de calcar.

Poate că-mi va lipsi cerul curat desfășurându-se deasupra orașului
amintindu-mi cum făceam dragoste și vorbeam toată noapta,
                                        în acel prim an

când dormeam
amândoi
în patul meu
de o singură persoană.

---

* *Sheoak* – copac din genul Casuarina, nativ în Australia, insulele Pacificului, Asia de
Sud, și Africa de Vest.

7:16. If I answer your call, I won't have time to pull
on boots, walk the rocky track to the harbour

where Sheoaks are trimmed with dew. Nor reach the dock
where fork fern and clubmoss grow wild among sandstone.

Perhaps, I'll miss a clean sky unfolding above the city
recalling how we loved and talked all night, that first year

we
slept in my
single bed.

# Mergând la templu

Pentru a ajunge la templu, tata și cu mine
eram purtați într-o litieră cu perdele,

cărați la Roma de sclavi.
De ei nu-mi amintesc decât că puțeau

a muncă tunicile lor închise la culoare și ritmul
plesnit al sandalelor pe piatră. Prin perdelele aurite

o priveam pe mama stând fără glas în fața vilei noastre.
Ținea în mâna ei mâna mică a

fratelui meu, Lucius, în timp ce noi ne îndepărtam.
La micul dejun familia se ospăta cu pâine, smochine

și miere. Mama nu vorbea în timp ce Lavinia
(dădaca iubită), îmi împletea părul ca pe al unei mirese.

Mama punea ofrande de struguri și rodie
pe vatră, urmărind fiecare cerc de fum

pentru preziceri din partea zeiței Fortuna. Tata declara
că voi fi aleasă datorită istețimii mele, și a frumuseții
                              moștenite de la mama.

Ce onoare! Să păzesc focul ceresc, inima bătândă a
Romei. Litiera se înclina și se legăna de-a lungul

# Getting to the Temple

To get to the temple, Father and I
were borne in a curtained litter,

carried forward to Rome by slaves.
I recall little of them except for the stink

of dark tunic stained from labour, the rhythm
and slap of worn sandal on stone. Through gold

curtains, I watched Mother stand quiet
outside our villa. She held fast the small hand

of my brother, Lucius as we drew away.
At breakfast, our family feasted on bread, figs

and honey. Mother did not speak when Livinia,
(beloved nurse), braided my hair like a bride.

Instead, she lay offerings of grapes and pomegranate
upon our hearth, watching each curl of smoke

for divinations from Fortuna. Father proclaimed
I would be chosen for my wit and Mother's beauty.

The honour! To tend a celestial fire, the beating
heart of Rome. The litter lurched and swayed along

drumurilor înguste, praful ridicându-se peste sclavii
care se osteneau.

Când ne-am apropiat de templu, un dom de bronz
prinsese lumina soarelui. Mulțimile sunau din trompete și corni
în timp ce fetele și tații urcau scările spre atrium.

Am așteptat ca tata să-și aranjeze toga, să-și scoată
                                    semințe de smochină
din dinți. Chiar și atunci, mi-am înăbușit întrebările.

Cine va arunca zarurile cu Lucius?
Voi putea oare să aprind un foc care moare?

---

Emilia a fost una din cele trei Vestale condamnate la moarte n 114BC pentru că nu
au respectat jurământul de castitate. Acest monolog este primul dintr-o serie care o
imaginează pe Emilia reflectând asupra vieții ei.
Fecioarele Vestale erau alese din familii romane nobile, între vârsta de 6-10 ani. Trăiau
cu alte cinci fecioare și depuneau un jurământ de castitate pentru 33 de ani. În acest
timp, ele erau responsabile pentru păstrarea aprinsă a focului sacru în templul zeiței
Vesta, pentru protejarea și bunăstarea Romei.

narrow roads, raising dust while the slaves toiled
onward.

As we neared the temple, a bronze dome
caught sunlight. Crowds sang with trumpets and horn
while girls and fathers climbed stairs to the atrium.

I waited for Father to arrange his toga, pick fig seeds
from his teeth. Even then, I held my questions.

Who will toss dice with Lucius?
Can I kindle a dying fire?

Aemilia was one of three Vestal virgins who were condemned to death in 114BC for
violating her vow of chastity. This monologue is the first of a sequence which imagines
Aemilia reflecting on her life.
Vestal virgins were selected from patrician families between the ages of 6-10 years of
age. They lived with five other virgins and took a vow of chastity for 33 years. During
this time, they were responsible for keeping the sacred flame inside the temple of
Vesta alight to protect the state and wellbeing of Rome.

## DIMITRA HARVEY

s-a născut în Sydney și a crescut în Wangal
country, mama ei fiind grecoaică. I-au fost
publicate poeme în revistele Meanjin,
Southerly, Cordite, Mascara Literary Review și
în antologii precum *The Best Australian Poems*.
În 2018 i s-a publicat volumul *A Fistful of Hail
(Un pumn de grindină)* – Vagabond Press. Tot în
2019 i s-a decernat locul trei al concursului de
poezie „Hunter Writers Centre Newcastle".

## Stație

După ce am petrecut noaptea fiind altcineva, merg acasă –
zvârcolindu-mă în afara acelei fețe străine și a pielii celei vechi – îmi
                                                        place să merg
tot drumul până la capătul peronului. Știi cum se reduce
într-o limbă îngustă de beton? Cu o singură lumină fluorescentă
sus pe un stâlp înalt, și un semn pe care scrie,
Dincolo de Acest Punct Access numai Angajaților.
De acolo aproape că vezi sclipind cealaltă stație.

La ora asta nimeni nu parcurge distanța prin întuneric ca să ajungă
                                                        acolo –
luminile de pe peron sunt rare, mărgele întunecate în lanțul nopții.

De-a latul liniilor de tren gardul e agățat fără vlagă, ca o falcă desfăcută.
Liniștea se agață de toate ca bruma. Râsul unei femei, clinchetul
paharelor – zgomotul orașului este estompat aici; văicăreala unei sirene

este ca un copil aproape adormit. Apoi o biciuire de sârmă, un arc care
lovește.
Trenul se oprește, gemând în metalul lui.

DIMITRA HARVEY was born in Sydney to a Greek mother, and grew up in Wangal country. Her collection of poems, *A Fistful of Hail*, was published by Vagabond Press in 2018. Her poems have appeared in Australian literary journals such as Meanjin, Southerly, Cordite, and Mascara Literary Review, as well as anthologies such as *The Best Australian Poems*. In 2019, she was awarded third place in the "Hunter Writers Centre Newcastle Poetry Prize".

## Station

After I've spent the night being someone else, and going home –
wriggling out of that alien face like an old skin – I like to walk
all the way to the end of the platform. You know, how it tapers
to that thin wharf of concrete? With the one fluorescent light
on its high pole, and the sign that says, Staff Only Beyond this Point.
From here, you can just make out the glitter of the next station.

At this time, no-one will walk the distance through the dark to
                                        get here –
the platform's lights are sparse, dull beads on the night's chain.

Across the tracks the fence hangs slackly, a gaping jaw.
Stillness clings to everything like frost. A woman's laugh, the clink
of glasses – the city's noises are padded here; a siren wails –

like a half-asleep child. Then a whip of wire, a spring-loaded lash.
The train pulls up, groaning in its metal.

# Hoț

Te aud în cea mai tăcută oră a nopții.
Un scurt și sclipitor fluierat în sus, un lung
Fluierat în jos, precum cazmaua
Unui gropar cade înspre pământul negru.

Ce pasăre ești oare, care prevestește dimineața cu trei ore prea
devreme?
Te-am căutat prin cărți.
Dar croncănitul tău nu este al șoimului de noapte, nici
Țipătul pietros al țigănușului. Nu este nici bufnița mascată

Nici bufnița lătrătoare. Ar fi trebuit să fim adormiți
Rămân trează ascultându-te. Un fluierat scurt și sclipitor
În sus, un fluierat lung în coborâre
Precum cazmaua unui gropar căzând pe pământul negru.

# Thief

I hear you in the stillest hour of the night.
One short bright whistle upwards, one long
whistle downwards, like the gravedigger's
shovel falling into black soil.

What bird are you that heralds the dawn three hours too
                                              soon?
I have searched for you in books.
But your call is not the nighthawk's, nor
the bush stone curlew's. It's not the masked owl's,

nor the barking owl's. When I should be asleep
I lie awake listening to you. One short bright
whistle upwards, one long whistle downwards
like the gravedigger's shovel falling into black soil.

# Daniel Ioniță

născut în Bucureşti şi emigrat la antipozi
în 1980, a publicat, printre altele, volumul
*Testament – 400 de ani de poezie românească*
(care a primit Premiul „Antoaneta Ralian"
2019 pentru traducere al Târgului de Carte
Gaudeamus), precum şi volume proprii de
poezie. Este actualul preşedinte al Academiei
Australiano-Române pentru Cultură.

## Instrucţiuni

Voi fi sau nu acasă, când vei reveni.
Supa e-n frigiderul gol – pune-o pe foc.
Un duh de ceapă, hrean şi nişte păpădii –
destul ca să te saturi; sau poate de loc.

Iar tusea... n-ai ce să-i mai faci, dacă persistă;
n-am nici o carte, dar citeşte-o, dacă vrei –
mai ales paginile lipsă, ale lui sau ale ei –
şi aşteaptă-mă-n sufragerie, dacă mai există.

DANIEL IONITA – born in Bucharest, Romania and migrating to the South Pacific in 1980, he published, among others, *Testament – 400 Years of Romanian Poetry* (which was awarded the "Antoaneta Ralian" 2019 prize for translation of the Gaudeamus Book Fair) and his own poetry collections. Daniel is the current president of the Australian-Romanian Academy.

## Instructions

I will be home, or maybe not, when you arrive –
the soup is in the empty fridge; just heat it up.
A ghost of lettuce and a spectre of some buttercup –
there should be something, maybe nothing, to contrive.

You can't do much about that cough if it persists:
watch some TV, there's nothing on, unless there is...
or read that book with missing pages – hers and his
and settle in the guest room if it still exists.

## Beatitudine conjugală

Visez că tocmai împlinsem șaptesprezece ani și o rog frumos
pe zemoasa vânzătoare de după tejghea să-mi dea o vază.
Prețul afișat este cincizeci de lei. E prea mult?
O rog din nou.
Pare distrasă, dusă de gânduri.
Apucă o cazma din colț.
„Ce să fac eu cu cazmaua, domnișoară?"

*„Vei avea nevoie de ea, tinere."* – cuvintele-i curg așa de ușor, parcă
atingându-i abia buzele, ca niște fulgi fierbinți.
*„Azi, mâine, peste cincizeci de ani, nu știi niciodată când anume,*
*dar sigur vei avea nevoie de ea.*
*Cu ce-ți vei îngropa prietenii?*
*Dușmanii?"*

O rog să se căsătorească cu mine.
*„Nu"* răspunde hotărât.
„De ce nu? Pari genul de măritat" zic eu.
(În acele vremuri puteai spune lucruri dintr-astea fără riscul de a
fi imediat împușcat...)
*„Am déjà bărbat"* zice ea răspicat.
Asta mă cam dezarmează... o leacă :
„Cred că te-ai descurca de minune cu încă unul", bălmăjesc eu.
*„CINCIZECI DE LEI "* se răstește.
*„Ia-ți cazmaua și ieși dracului afară!"* Aruncă cu ea după mine.
Încep să urlu!
Simt deja beatitudinea conjugală.

# Marital bliss

I dream I just turned seventeen and I kindly ask
the juicy sales lady behind the counter to please give me a vase.
The price tag is fifty dollars. Is it too much?
I ask her again.
She seems distracted, lost in thoughts.
Pulls a spade from the corner.
"What am I going to do with this spade, miss?"

*"You will need one, young man"* –
her words flow, melting on her lips
like gentle snowflakes.
*"Today, or tomorrow, or in fifty years, you never know precisely,*
*but you'll definitely need it. Your friends,*
*enemies...*

What will you bury them with?"
I ask her to marry me. "*No*", she retorts.
"Why not? You look the marrying type", I say
(you could say such things in those days, without immediately
inviting the firing squad...)
"*I already have a husband*" she says bluntly.
This takes me aback a little bit:
"I feel you can handle another one quite well ", I mumble.
"*FIFTY DOLLARS!*" she snaps.
"*And take you bloody spade and get out.*" She throws it at me.
I scream!
Marital bliss is already upon me.

## NOEL JEFFS

„Sunt un călugăr Anglican originar din Gippsland (statul Victoria, Australia) și student, din când în când al lui Kate Lilley și alții pentru Masteratul în Scriere Creativă la Sydney University. Sunt o persoană cu dizabilități care trăiește singur, și se bucură atât de conversații cât și de liniște. Dețin un Masterat în Sănătate Mintală și sunt pshihoterapeut".

## O rugă pentru Piyush

nectar spunându-ți ce se poate
și nu se poate face când ajuți

pasărea mea honeyeater* sărind
din tufiș în tufiș gustând
florile mele

ai cui ochi sunt aceia și
strălucirea părului lui, de unde
vine oare?

Darul de a-și face prieteni cu
caracterul, și prezența și parada
și speranța, speranța și un lung fiord către casă

și cămin.
Polinează ca o pasăre colibri a retragerilor
acest om, din Kanpur.

---

* Acest poem este dedicat lui Piyush, „nectar" în hindi, unul din prietenii mei dintre angajații restaurantului Delhi 'o' Delhi în Newtown, New South Wales, un loc unde se mănâncă bine, și te simți mereu binevenit, te simți mereu ca acasă).

NOEL JEFFS – "I am an Anglican Friar and originally from Gippsland (Victoria, Australia) and sometimes student of Kate Lilley and others for a Masters of Creative Writing at Sydney University and disabled person who lives alone and enjoys conversation and silence with a Master's degree in Mental Health also a trained psychotherapist".

## A prayer for Piyush

nectar telling you what can
or cannot be done as he succours,

my honey-eater* darting from
bush to bush and tasting these
my flowers

whose eyes has he got and the
shine in his hair, where does that
come from?

The gift of making friends with his
character and show and pomp
and hope, hope and a long fjord to home

and hominess.
He pollinates as a hummingbird of retreats, this man, of
Kanpur.

---

* This is dedicated to Piyush, "nectar" in Hindi who is one of my friends amongst the staff of Delhi 'o' Delhi in Newtown, New South Wales a place of fine-dining, where you are always made welcome and made to feel at home at all times.

## Negru pe Alb

*(Am început acest poem gândid la o lume a privilegiului
și puterii de a fi alb, și am încheiat-o prin a mulțumi
culturii indigene, contribuției pe care recunoașterea o
aduce vieților noastre după ce am citit* Vorbiri de Nisip\*)

Îmi pare rău că a trebuit să mă aștepți
Mă aștepți de mult?
Am așteptat prea mult
–lucrurile nu se termină niciodată

Durerile robiei noastre sunt
vorbirile noastre de nisip, legături de stăpânire,

suntem deraiați, suntem numai coloniali pe dinafară.
Ascultă acum la

urmele mâinilor noastre, așezate pe stânci.
rog liniște, noi rămânem,

adunând în fiecare rată
de legătură cu timpul și cu țara noastră

Purtându-ne sufletele pe brațe
de două ori dorind să fim eliberați

de capriciile de a fi alb sau negru
și de privilegiile noastre

---

\* Este vorba despre volumul Voribiri de Nisip: cum gândirea indigenă poate salva
lumea – de scriitorul australian de origine aborigenă Tyson Yunkaporta.

# Black on White

*[I began this poem thinking of the world of white
privilege and power and ended it to give thanks to
indigenous culture and the contribution gratitude can
make to our lives after reading* Sand Talk*]*

Sorry you have had to wait for me
Have you waited long enough?
I have waited too long,
–things are never over

The trials of our bondage are
our sand-talk here, domination ties,

we're derailed we are just colonial
wearing. Listen now to

our handprints on the rocks assailing.
silence please, and we are staying,

gleaning in every instalment of our
ties to time and our country

Wearing our souls on our arms
doubly, longing to be set free

of the caprices of white or black
and our own privileged coat-tails

---

* Sand Talk: how indigenous thinking can save the world – by Tyson Yunkaporta

de acest laissez-faire al rasei noastre
evantaiul cozii unui cockatoo negru*

probabil extincție în triburi
și tragedia focurilor ce ard pădurile din afară

Cu cămăși băgate în panaloni, noi preamărim
economia și credința că noi suntem luminați

un nimb; care poate fi ignorat intelectual
prin cuvinte și vorbire de nisip

Suntem devorați de imperfecțiunile lumii noastre moderne
și ne este teamă de celălalt

Fața albă arată ca o anxietate
În înegrirea cu care sugrumăm primele limbi

sau limbile următoare, ne strecurăm prin via noastră
înegriți de cenușă și foc

Edenul, zdrobit de brațul creat
de noi. Îmi iei oare și mâinile ca să

vorbim, să ne amintim, și să trivializăm
exploatarea și capitularea, dansăm

acum pe cuvintele Mamei Terra
să ne facem prieteni, vecini și locuință

în timp ce ne înmuiem în cuvintele vieții.
Am navigat către aceste țărmuri diferite

and the laissez-faire of our race
The fantails of the black-cockatoo

perhaps extinction in the tribes
and tragedy of external bushfires

Stuffed shirts extolling our enabled
economies and beliefs of enlightenment

a radiance; can now be intellectually
disregarded by words of sand-talk

We are devoured in the imperfections
of our modern world and the fear of the other

The white-face is like an anxiety
in the blackness we smother first languages

or second languages, we creep through our
vineyard of blackened soot and fire

Eden, trampled by the forearm we have
Created. Do you take my hands to

talk and remember and trivialise
exploitation and surrender, dance

now to the words of Mother Earth
to make friends, neighbours and habitat

as we mellow in the words of life.
We have sailed to this different shore

pentru a elibera bravura noastră albă
din dulapuri diminuând-o prin extravaganță

Nu ne putem întoarce la Terra Nullius**
şi să dăm mâna cu voi, dar

nu ne priviţi în ochi, acum;
dar trataţi-ne şi cu spaţiul minţii voastre

voi, păzitori ai acestei ţări, al acestui pământ
scriind despre o ţară fără timp şi

despre imaginile adânci, o ţară negră-în-inimă
trasmiţând mesaje veşnice către rolul meu

care este poezia şi a fi cântec. A sosit timpul
ca să mulţumim păzitorilor acestui har.

to release the white prowess from its
cupboard and diminished it in our sprees

We cannot go back to Terra Nullius
and to shake your hands and

don't look into your eyes now;
but treat us with your mind-space also

custodians of country and land
writing out of a timeless-land and

its deep imaginings, a country dark-in-heart,
messages the eternal where my own place

is poetry and being a song. It is time to
give thanks to the custodians for this grace.

## ANNA KERDIJK NICHOLSON

este poet şi redactor de poezie. Volumele publicate sunt *The Bundanon Cantos* (2003), *What was Lost* (2007), *Possession* (2010) şi *Everyday Epic* (2015). Volumul *Possession* a primit „Premiul Premierului Statului Victoria" şi Premiul „Wesley Michael Wright". Născută în Yorkshire, Marea Britanie, Anna are acum o fermă în statul New South Wales, Australia.

## Acasă pe canapeaua mamei tale

Stau pe canapeaua
        pe care fuma mama ta.
                Prima dată
am mers pe biciclete prin Delft
        s-o vizităm.

Plănuia ceva
        în limba olandeză şi zâmbea cu zâmbetul ei:
                „trebuie să vorbim mai repede...
a început să
        ne înţeleagă".

Tu mergeai înaintea mea
        constant şi compact
                înfăşurat într-o pelerină de vânt
capul ţi se mişcă în sus şi în jos
        în timp ce pedalai

ANNA KERDIJK NICHOLSON is a poet and poetry editor.
Her books are *The Bundanon Cantos* (2003),
*What was Lost* (2007), *Possession* (2010) and *Everyday Epic*
(2015). *Possession* won the "Victorian Premier's Prize"
and the "Wesley Michel Wright Prize". Born in Yorkshire, UK,
she now farms on the NSW Southern Tablelands.

# At home, on your mother's sofa

I'm sitting on the sofa
    your mother smoked on.
        First trip,
we rode town bikes through Delft
    to visit her.

She was planning something
    in Dutch and smiled her smile:
        'we need to speak quicker ...
she's starting
    to understand'.

You rode ahead of me,
    steady and compact
        wrapped in a winter windcheater
your head moving up and down
    as you pedalled

Erai din nou acasă
 ușor și rapid cu limba
  cuvinte de plăcere
—‚lekker', ‚gezelling'—
  îți curgeau ușor de pe buze.

Comunici spre alți bicicliști,
 dublându-se mai departe
  deodată mă simt ca un copil
din nou pe bicicletă, cu viteze pe ghidon,
 m-am ridicat pe pedale.

am tras brațele înapoi
 peste poduri cocoșate
  cu respirația în cascadă
pe străzile vechi
 te urmăream.

Cerul aici este asemănător
 cineva a tăiat
  linia dealurilor.
și a atins ușor un nor
 de sfârșitul luminii.

Stau așezată pe sofa
 citind suplimentul artistic de duminică
  vântul nu mai bate așa de tare
nu mai prezintă tema compozitorului
 acompaniind după-amiaza mea de iarnă,

absorbind prezența
 în acest loc vechi, această casă nouă.
  nu văd ruina din 1830,
doar reflecții și strălucirile lămpilor noastre.
 ibricul aproape că fluieră pe foc

ca vântul printr-un coș
 ca vântul pe un canal.

you were back home,
    light and quick in the language,
        words of pleasure
—'lekker', 'gezellig'—
    rolled easily from you.

Other pedallers chatted towards,
    dopplered away,
        I was suddenly childlike
on a bike again, with handlebar gears,
    I stood up on the pedals

pulled back on my arms,
    over hump-backed canal bridges
        breath cascading out
through the old streets
    I followed you.

The sky here is similar
    someone has cut out
        the line of hills
and brushed a cloud
    against lights' end.

I sit inside on her sofa
    reading Sunday art supplements,
        the wind has dropped
no longer a composer's theme,
    accompanist to my winter afternoon,

absorbing being present
    in this old place, this new house.
        I can't see the 1830s ruin,
just reflections and glow of our lamps.
    our kettle near-whistles on the fire

like wind in a chimney,
    like wind on a canal.

*At home, on your mother's sofa*   |  

## Grație

Probabil că te miști fără să te concentrezi ca un dansator
Și, în loc să te miști pentru mine, uiți,
mergi pe un ritm numai al tău:

cum viața nu este ficțiune, nu ajungem la criză
nici la apogeu, eu observ un fir de lumină
în colțul ochiului și suntem din nou în pieile noastre;

dinții tăi, urechile, barba, linia
ce-ți definește buzele, respirația grea, pernele și picioarele noastre
aiurea și, ca de obicei, reîncepem într-un ritm nou,

și fiecare dată este însăilată de fiecare altă dată de,
să zicem, mâna ta și ceafa mea au o infinită
delicatețe, susținându-mi gâtul ca la baie:

acestea vor fi momentele pentru care mama îl plânge
încă pe tata – tăcerea, un gest
nefabricat. Aceste momente ne fac să renunțăm la armură:

ele sunt o răsucire care, roșie-cireș și strălucitoare
mă brodează pe tine în întuneric.

# Grace

Perhaps you move unthinkingly like a dancer,
and, instead of moving for me, you forget,
go to beat that is only yours:

as life is not fiction, it reaches no crisis
or apogee, I glimpse a sliver of light
in my eye corner and we are in our skins again;

your teeth, ears and beard, the line
defining your lips, panting, our pillows and legs,
akimbo and, as usual, we resume in a new tone,

and each time is stitched to each other time by,
say, your hand at the back of my head, an infinitely
tender holding, supporting the neck like bathing:

these will be the moments which I know my mother
mourns my father for still – the unspoken, a gesture
unmanufactured. Seeing these moments makes one rindless:

they are the twist which, cherry-red and glowing,
embroiders me to you in the dark.

## Maia Kodrin

– (pseudomin al Marianei Liţă) născută la Bucureşti, trăieşte de câteva decenii la Sydney, Australia, unde a studiat Visual Art la University of Western Sydney. I-au fost publicate mai multe poeme de poezie, printre care: *Plagiatoare de natură, Dialog cu versul iubirii, Iubirea – o armă letală.* Selecţii din poemele ei i-au fost publicate în diferite antologii şi, reviste literare precum Amfiteatru, Luceafărul, Contemporanul (România).

## Rămână în grija ta

Timpul în care nu mi-ai mângâiat încă trupul
vreau să alung iarna ce se află bolnavă în mine
închid ochii şi te chem mai devreme
cui nu-i poate fi frică de ne-atingerea ta?!

– Numai eu te chem dintr-o altfel de spaimă.

Lacrima revine – dorul zăpezii:
mă caută-n odaie sperând
şi prin somn devine noul meu chip,
rătăcit în oglinzi...

Închid ochii şi te chem mai devreme
Timp în care nu mi-ai mângâiat încă trupul
– hai să ne jucăm de-a moartea!

MAIA KODRIN (nom de plume of Mariana Liță) born in Bucharest, has made Sydney, Australia, her home for the last few decades. She studied Visual Arts at the University of Western Sydney. From her published volumes: *The Plagiarist of Nature, Dialogue with the Verse of Love* and *Love as a Lethal Weapon*. Selections of Maia Kodrin's poems have been included in several anthologies and literary magazines such as Amphitheatre, The Morning Star, The Contemporary (Romania)

## Let it remain in your care

Time in which you hadn't caressed my body yet
I want to drive away the winter abiding, ill, inside me
I close my eyes and call you sooner
who will not be frightened for being untouched by you?!

– Only I call you out because of this kind of fear.

The tear returns – the longing for the snow:
it's looking for me in the room, hoping
and through sleep, I become my new face,
lost in the mirrors...

I close my eyes and call you sooner
At a time when you hadn't caressed my body yet
– Let's play like death games!

Presară zâmbet peste zâmbetul meu
să nu ştie soarele dacă am murit cu adevărat
voi chema căderea frunzelor să acopere
chipul meu rătăcit în oglindă,
voi trage cu var,
cercul nunţii neîntâmplate,

în jur,
rămână în grija ta amintirile ieşite din lucruri
străjuite până vei culege ochii singurătăţii
din scoici
şi vei aduce – la întoarcere
jocului meu ca pe o hrană –
uitarea!

Sprinkle a smile on top of my smile
so that the sun won't know if I truly died
I will call the fall of the leaves
to cover my image lost in the mirror,
I'll draw with white-wash
the circle of the wedding that never happened

all around,
may they remain in your care,
those memories brought out of things
guarded until you catch the eyes of loneliness
from seashells
and you will bring it back when you return
like a nourishment –
the forgetfulness!

## M-ai învăţat

De acum ştiu
că nu am în suflet nici un neant
după ce am iubit toate
florile pământului.

«Cum asa?
– doar nu le-ai ştiut
pe toate!»
(Se vor auzi vocile
în ecou!)

Adevărat,
însă mi-au fost cel mai aproape
prin toate adierile Cuvântului
şi,
voi răspunde –
prin El:

Cuvântule, numai Tu
m-ai făurit la începutul meu
de aici
şi m-ai învăţat cum
să mă făuresc eu însămi
pentru mai departe

şi,

voi răspunde –
prin Tine

# You taught me

From now on I will know that
I have no emptiness in my soul
after I loved all
the flowers of the earth.

«How is that so?
– She couldn't possibly know
all of them!»
(Echoed voices will
be heard!)

True,
but they were closest to me
through all the breezes of the Word
and,
I will answer –
through Him:

You, the Word, only You...
You have shaped my beginning
from here on
and you taught me how
I can be continuing
to shape myself further

and,

I will answer –
through You

numai acolo – cine Te vrea din suflet și
Te vede auzindu-le pe toate:

unele flori (leacurile mele) m-au făcut fericită
iar altele
m-au aruncat în
nedreptate.

O mulțime au vrut sa mă ucidă
cu miresmele lor – otrăvite, poleite în frică

Distanțele mi Le-ai aruncat Tu –
punți ocrotitoare între mine și ele –

ai fost mulțumit pentru cum le-am
iubit, urând doar faptele
florilor rele –

trunchiate în pripă...

only from there – are those who want You
in their soul and seeing You, they hear You whole:

some of my flowers (my remedies) made me so happy
yet others
had thrown me into
injustice.

Lots of them wanted to kill me
with their poisoned scents – gilded with fear.

You've thrown me distances –
these guardian bridges between me and them –

You were pleased for how I
loved all flowers hating only the actions
of the bad ones –

those hastily truncated...

## ROBERTA LOWING

a publicat două colecții poetice: *Ruin* (2010) co-câștigător al „Asher Literary Award", și *The Searchers* (2014). Prima ei nuvelă, *Notorious* (Allen & Unwin, 2010) a fost finalistă pentru Premiile Literare ale Primului Ministru și Premiul de Carte Commonwealth.
Roberta a completat un Doctorat în Arte la Sydney University.

## Opriți de sticlă

(munții transantarctici 2039)

Alergăm într-un tunel de gheață
Lumina este de cositor, aerul cremene ;
respirația noastră rănește pereții.

Focurile de sulf care ne vânează
ne descoperă un muzeu cu o mie de camere :
o canoe și o fosilă de ferigă în scoarță,

mâinile nemișcate ale unui om cu barbă
în întunecimea albastră ; câinele lui
cu urechile ciulite pe vecie,
într-o arcadă în josul sălii.

Alergăm și în timp ce alergăm
ne întrebăm
Ce am știut, ce
am știut, obsedați fiind

ROBERTA LOWING has published two collections of poetry: *Ruin* (2010), co-winner of "The Asher Literary Award", and *The Searchers* (2014). Roberta's first novel, *Notorious* (Allen & Unwin, 2010), was shortlisted for The Prime Minister's Literary Award and The Commonwealth Book Prize. She completed her Doctor of Arts degree at the University of Sydney.

## Against the glass

### (Transantarctic mountains, 2039)

We run into the ice tunnel.
The light is pewter, the air flint;
our breath bruises the walls.

The sulphur fires hunting us
reveal a thousand-roomed museum:
a canoe with fossil ferns in the bark,

the stilled hands of the bearded man
in the blue dark; his dog, ears forever
pricked, in a vault down the hall.

We run and as we run
we wonder,
What did we know, what
did we know, obsessed as we were

cu iluminarea cavernelor noastre din nord?
Am crezut că vom scăpa
mereu prin iluzii: prestidigitație

scamatorii.
Dar eram ca un carnaval
care se aplaudă de unul singur.

Aerul se face ca o coroană de foc
alergăm prin ultimul tunel de gheață
în lumea de dedesupt, unde chiar și Houdini
și-ar opri mâna în sticlă.

with lighting our northern caverns?
We thought we could always escape
with sleight of hand: the doubled joint,

the key in the mouth.
But we were a carnival
applauding itself.

As the air grows a fiery crown,
we run through the last ice tunnel
to the underworld, where even Houdini
beats his hands against the glass.

## Democrație

nu va fi simplu*
va dura mai mult decât ai crezut
va pretinde toată hotărârea ta, toată energia ta
va pretinde toată inima ta, tot idealismul tău
va lua loialitatea prietenilor tăi
nu va fi repede, nu va fi ușor

va fi ușor, va fi mai rapid decât ai crezut
va cere câteva concesii, câteva modificări
va întări inima ta, îți va mări energia
va reduce cinismul tău, va găsi noi prieteni pentru tine
va fi rapid, va fi ușor

înfigi un steag pe un țărm al unei țări pe care nu ai explorat-o încă
visezi în fiecare noapte la brațe
care flutură în oceane de cârlige
ești singur în fiecare noapte pe un drum de oase
visele tale sunt coșciuge negre și nimeni nu te poate mângâia

va fi scurtă va fi simplă
nu va fi scurtă nu va fi simplă
va fi temporară
nu va fi temporară
această durere
această descoperire
această nesfârșită
jefuire de morminte.

---

* „nu va fi simplu..." din poemul Final Notations de Adrienne Rich.

# Democracy

it will not be simple*
it will take longer than you thought
it will take all your resolve, all your energy
it will take your heart, your idealism
it will take your friends' loyalties
it will not be quick, it will not be easy

it will be easy, it will be quicker than you thought
it will take a few concessions, a few modifications
it will strengthen your heart, it will increase your energy
it will reduce your cynicism, it will find you new friends
it will be quick, it will be easy

you are planting a flag on the shore of a land not yet explored
you are dreaming every night of arms waving in
oceans of hooks
you are alone every night on the road of bones
your dreams are black caskets and no-one can solace you

it will be short it will be simple
it will not be short it will not be simple
it will be temporary
it will not be temporary
this pain
this discovery
this endless
pillaging of graveyards.

---

* it will not be simple...' from the poem Final Notations by Adrienne Rich

## MARK MACROSSAN

este un scriitor născut în Brisbane, Australia, care a fost avocat (în Sydney) și figurant în filme (Londra). Poezia lui a apărut în diferite publicații precum Southerly, Meanjin, și Poetry Salzburg Review, și a finalizat recent prima lui nuvelă, *Dark Oceans*. Locuiește în prezent la Sydney.

## Răsărit

Semințe de rodie,
coji de nucă de cocos, pepenele mâncat
pe dinăuntru – dovezi că erau pe aproape
Erau acolo.

Dimineața înțeapă noaptea muribundă, iar copacii
se întind cât vezi cu ochii. Depărtarea,
prietena mea de odinioară, mă obosește și
aruncă tentaculele peste mine ca o plasă.

Păsări rotindu-se, locotenenții mei albi,
zgomotoasele mele călăuze de încredere,
țipă avertizări străvechi. Timpul
se scurge ca un grohotiș ud
în josul râului.

Ceva se blochează.

Când a sunat împușcătura, bila de plumb
a străpuns printre ferigi – m-a lăsat mort.

MARK MACROSSAN is a Brisbane-born writer whose previous occupations include barrister (Sydney) and film extra (London). His poetry has appeared in various publications including Southerly, Meanjin, and Poetry Salzburg Review, and he has recently published his first novel, *Dark Oceans*. He currently lives in Sydney.

## Sunrise

The pomegranate seeds,
the coconut husks, the gnawed-
out melon, all evidence that they were near.
That they were here.

Dawn stings the fleeing, dying night, while trees
stretch away as far as sight. Distance,
my erstwhile friend, wears me down and
throws its tangents over me like a net.

Wheeling birds, my white
lieutenants, my loud, reliable scouts,
screech ancient warnings. Time
washes away like sodden debris
down a stream.

And something clogs.

When the shot rang out, the ball of lead
crashed through ferns, left me dead.

# Explorator pierdut, fără speranţă, ajunge la Muntele Uitării

Fulgi zimţaţi de lavă zvârlită afară
murdăreşte panta ca sticla spartă,
fum sulfuros pătează cerul.

O panoramă arsă ca gâtul meu
plin de cenuşă. Respiraţia
îmi e redusă acum la gâfâieli.

Ultima intrare. Verzuie,
această aglomerare a mării, dacă există,
nu există pentru mine. Şi totuşi

Această vedere fără apă fără păsări, fără viaţă
Include un fel de mare
(o glumă proastă): un lac strălucitor

De magmă. Stâncă lichidă, fierbândă,
şi sărind, pocnind, batjocoritor
stingător de nimic, afară de setea de moarte,

Gură de acces incandescentă
către centrul pământului,
hublou scânteietor,

la limita imaginaţiei.
Sunt la doar un cap distanţă
de a fi consumat prin topire. jefuire de morminte.

# Lost Explorer, Beyond Hope,
# Reaches Mount Oblivion

Jagged flakes of tossed-out lava
litter the slope like broken glass,
sulphurous smoke smears the sky.

A vista as parched as my ash–
filled throat. Breathing
restricted to gasps now.

Final entry. The verdant,
thronging inland sea, if it exists,
does not exist for me. And yet

this waterless, birdless, lifeless
view includes a sea of sorts
(a cruel joke): a shining lake

of magma. Liquid rock, boiling
and flipping, cracking, mocking,
quencher of nothing but a thirst for death,

incandescent manhole
to the centre of the earth,
coruscating porthole

to the limits of the imagination.
Am just a headlong dive away
from molten consummation.

## MENUȚ MAXIMINIAN

este membru al Societății Scriitorilor Bistrițeni
„Conexiuni", al Uniunii Scriitorilor
din România, al Asociației de Științe
Etnografice din România și al Uniunii Ziariștilor
Profesioniști din România. Manager al
cotidianului Răsunetul. A publicat 30 de cărți,
poezii, jurnal, eseu, antologii.

## Ultimul înger

Înger în pod
Aproape
de Dumnezeul serafimilor
Fărădelegile mele
sunt acum fărădelegile lui

Zilele, precum clipele
Somn neîntors
pe ritm de greieri
Dimineți în care de trei ori mă lepăd
La primul cântat de cocoș
De Hristosul ars cu fierul roșu în palmă

Sfânt, sfânt...
Cântă îngerul cu mulți ochi
Și aripi frânte
De greutatea păcatelor
Sunt zidirea căzută
Din pagini de carte

MENUȚ MAXIMINIAN is a member of the Writers, Society "Connections" from Bistrita, of the Romanian Writers' Union, of the Romanian Ethnographic Sciences Association and of the Romanian Union of Professional Journalists. Manager of the daily paper Răsunetul. He has published 30 books, poems, journals, essay, anthologies.

## The last angel

Angel in the attic
Close
to the God of seraphs
My iniquities
are now his iniquities

Days, like moments
sleep with no return
to the rhythm of crickets
Mornings in which I deny three times
At the first cock-crowing
The Christ with branded palms

Holy, holy...
Sings the angel with many eyes
And wings broken
By the weight of sins
I'm a building, fallen
From the pages of a book

.......................
Umbra îngerului
se lungește sau scade
pe peretele casei
După cum lumina soarelui îl însoțește

Într-o cutie cu acte
Poze cu neamuri: heruvimi și serafimi
Duhuri netrupești

În copilărie
se ruga de dimineață
După ce își spăla obrazul la fântână
Mâinile
se împreunau deasupra apei
„Ferește-ne pe noi de tot răul
cu cinstitul tău acoperământ"
Iar inima îi tresălta

..........................

The shadow of the angel
lengthens or decreases
on the wall of the house
As the sunlight accompanies it

In a document box
Pictures of nations: cherubs and seraphs
Disembodied spirits

In childhood
he prayed in the morning
After washing his face at the well
His hands
came together above the water
"Protect us from all evil
under your honoured cover "
And his heart jumped with joy

## 11

Roți de foc
poartă îngerii cu ei
Și nopți de bobotează
Cu leacuri băbești
Și cete de Luceferi
Necăzuți în ispită

Om între cărări
Înghițit de pântecele pădurii
Lupi albi
urlând la lună
Și îngeri păsări
ce te scot în luminiș

Înger în oglindă
Bărbierit până la os
la răsărit de soare

Îngerul meu face fântâni
Bem apa vieții
precum Iisus
la fântâna lui Iacov
de la femeia samariteană.
................
Îngerul
poartă biserica
În brațele
veșniciei

11

Fire wheels
carry the angels with them
And nights of epiphany
With traditional medicine
And clusters of Morning-Stars
Not fallen into temptation.

Man between paths
Swallowed by the belly of the forest
White wolves
howling at the moon
And bird angels
who bring you out into the clearing

Angel in the mirror
Shaved to the bone
at sunrise

My angel makes wells
We drink the water of life
like Jesus
at Jacob's well
from the Samaritan woman.
................
the angel
carries the church
in the arms
of eternity

Clopote
zâmbind la soarele dimineții
Creștinii vin
spre țara promisă
Inimi obosite și buze neîndreptățite
Dau slavă
Celui fără de trup pământesc
Păcatele rod
Mai rău decât cariile
lemnul bisericii
Parcă ai fi pe rugul aprins

Doar îngerul cu ochii mari
Purtându-și crucea
Lăcrimează
cerând iertare în numele tău
Precum Iisus
în numele păcătoșilor pe Golgota
Iartă-l părinte că nu știe ce face
.....
Ultimul înger
Coboară din liniștea
ce e totuna cu cerul
Să poarte
greutatea neputinței

Peste culmi împădurite
miros
de ierbi de mai

Vânt și ploi
Oameni și duhuri
pe pajiști
ca bisericile

Bell-chime
smiling at the morning sun
Christians are coming
to the promised land
Tired hearts and unrighteous lips
I give glory
to Him without human flesh
Sins bear fruit
Worse than worms eat cavities
in the wood of the church
You look like sitting on the burning bush.

Only the big-eyed angel
Carrying his cross
weeps
asking for forgiveness on your behalf
Like Jesus
in the name of sinners on Golgotha
Forgive him Father for he know not what he does.
.....
The last angel
Came down from the silence
which is the same as the heaven
to wear
the weight of helplessness

Over wooded peaks
a smell
of herbs in May

Wind and rain
People and spirits
on the meadows
like churches

Pe drumuri de nori
Spre Dumnezeu
Miros de smirnă și tămâie

Și urme lăsate
pe cer în zbor
De aripi pierdute

On cloudy roads
Towards God
Smell of myrrh and incense

And traces left
in the sky, in flight
by lost wings

este membru al Societății Scriitorilor Bistrițeni „Conexiuni", și al Uniunii Scriitorilor Profesioniști din România. A publicat treizeci și șapte de volume de poezie, publicistică, eseu, cosmopoezie și proză S.F.

## Din oglinzile timpului: gemenii lui Langevin și câinele lui Einstein

Prima istorie: Un om se plimbă cu un câine.
Bunăoară eu și Spic, ori Rocky.
Câinele o ia înaintea omului o sută de metri, apoi se întoarce și
la o sută de metri înapoi – coada țanțoșă pare o antenă vie legată
Prin unde de zborul prin stele. Trecătorul parcurge kilometrul
De trotuar, câinele cinci, iar coada, eterna coadă – douăzeci și cinci.
Cortina nopții cade albă presărată, lăptos, de stele.
Acum să auzim paradoxurile: Câinele, după toate calculele, e mai
Tânăr decât stăpânul și culmea, coada mai tânără chiar
decât câinele!
A doua istorie: Doi gemeni semănând ca două picături de apă se
Află pe o platformă de lansare a rachetelor interstelare.
Unul rămâne la sol, iar celălalt zboară într-o capsulă spațială cu
Viteze apropiate de aceea a luminii, înconjoară
Steaua și revine pePlaneta Pământ.
După orarul platformei de lansare a rachetelor au
Trecut 100 de ani, Stră-stănepoții lui îl întâmpină cu mirare și în

ALEXANDRU CRISTIAN MILOȘ is a member of the
Society of Writers "Connections" from Bistrita, and of the
Union of Professional Writers in Romania. He has published
thirty seven books of poetry, journalism, essays,
cosmo-poetry and science fiction.

# From the Mirrors of Time: Langevin's Twins and Einstein's Dog

Story #1: A man walks a dog. Say like me & Spic, or Rocky.
The dog runs a hundred meters ahead, then returns and
a hundred meters backwards – the proud tail seems a live antenna
tied
by waves to starflight. The passer-by walks one kilometer
of the sidewalk, the dog five and the tail, the evrlasting tail twentyfive.
The curtain of night falls milky over the stars.
Summoning up paradoxes: the dog, according to calculus is
Younger than the master and above all the tail is younger than
the dog!
Story #2: Two identical twins like two peas in a pod
Find themselves on a launchpad for starships.
One remains on the ground, the other flies away in a space shuttle at
near the speed of light, tours the star and returns on Earth.
According to the launchpad time-table
100 years have passed, his grand-grandsons welcome him back
astonished

Cele din urmă, cu aplauze admirative. Pe ceasul de bord al rachetei
Sale, au trecut trei luni... Două istorii despre ce poate face viteza
În timp. Experiența confirmă previziuni. Garanții hazardate?!...
Urcând scările Amfiteatrului Saturnian împreună
cu interlocutorii
Și inter-locuitorii inter-lumilor, instalându-ne cortul
uman pe
Vârfuri Everest, astrale!

In the end, applauding admiringly. The bord clock of the shuttle
shows the passing of three months... Two stories about speed
and time. The experiment confirms predictions. Hazardous?!...
Climbing the stairs of the Saturnian theatre together
with the interlocutors
and the inter-inhabitants of interworlds setting up
the human tent
On Everest peaks of stars!

## Când stelele strălucesc,
## de ce noaptea e totuși neagră?!

„Dacă stelele sunt sori, de ce suma tuturor luminilor nu depășește
Strălucirea Soarelui" întreba la începutul secolului XVII, Kepler
Astronomul... Cât e de lung și de lat cerul, cât de adânc?! Stelele
În cer poartă uniformă? Există o uniformizare a stelelor în Univers?
Cine-și mai pierde timpul cu ele?! Unele întrebări ca acestea sunt
Parcă trecute cu vederea de toată lumea... Într-o înțelegere mută,
De criză a timpurilor și refacere a lor, de la haos la șansă. Dacă
stelele
Infinitului ar semăna la față – chipurile tuturor stelelor ar fi o
Strălucitoare intersecție! Când stelele strălucesc, de ce noaptea
Este totuși neagră?! Vai, poate din cauză că Universul,
nici măcar
El nu e veșnic, prin el se poate vedea în viitor, viitorul.
Ca și noi
Universul e o expansiune! Atunci îi putem da și o vârstă!
Să decupăm cerul fix și să-l înlocuim cu un cer în mișcare, în
Expansiune, în creștere... Astăzi, vorbind de Univers, timpul de
Viață al fotonilor în raport cu viteza cu care sunt absorbiți de
Materie – stele ori nebuloase – este mult mai mare decât vârsta
Universului. Înaintea emiterii Luminii – fosile ne aflăm în Strada
Inversă. Fotonii sunt imediat reabsorbiți, iar cerul strălucitor de la
Început, tot mărindu-se s-a întunecat! Lumina cerului s-a
Diluat! S-a împrăștiat! Oare toate ființele și lucrurile ce cunosc
Vreo mărire – urmează să se întunece?! Iar cu Puterea Eternității
Luminii cum rămâne?! O abandonăm la stadiul de axiomă?!

# Why is the Night Black
# if Stars Still Shine?!

„If the stars are suns, why does their light not surpass
that of the shining sun" asked at the beginning of the 17th century
Kepler the astronomer... How long, how deep and how wide is the sky?!
The stars wear a uniform in the sky? Is there a likeness among
the stars?
Who has time for them?! Some questions like these
are generally overlooked by everybody Silent understanding
temporal stress and recovery, from chaos to chance. If the stars
are all alike – the faces of all the stars were a shining crossroad!
Why is the night still black when the stars
shine at night?! Maybe becaise of the universe
is not even
timeless, showing the future through the future.
Like us
the universe is an expanse! We can mark down an age!
We cut out the fixed one and replace it by a sky in movement
in expanse, growth... Today speaking of the universe time span
of light particles is absorbed by
matter – stars or nebula – eing older than the universe.
Before beaming light – fossiles in the street
reverted. The light particles are instantly absorbed, the shining sky
innitialy expanding grew dark! The light of heavens
grew thin! Vanished! Do all beings and things experience
expanse – will they grow dark?! What about the power
of eternal light?! Do we abandon it at the stage of axiom?

# GHEORGHE MIZGAN

este membru al Societății Scriitorilor
Bistrițeni „Conexiuni", a publicat
22 de volume de versuri.

## Mascat de umbre

O priveam cu nesaț.
Eu vânătorul, ea căprioara!?
Și-n loc de pușcă aveam ochi
cât să adune tot prezentu-n
containere de-amintiri.
Mascat de umbrele lampadarului,
o priveam...
În păru-i castaniu se oglindeau stele.
Pe chipu-i captiv,
între zăbrele de lumină,
un licăr.
Pe umeda dâră se prelingeau
picuri de tristețe. Adunate-n potir.
O priveam prin ochii mei uscați
de-atâta neclipire. Statuie stradală.
Deodată, ca-ntr-o fugară presimțire,
și-a întors chipul cu-n zâmbet pal.
Fulgurantă privire!
S-au spart vitrinele ochilor mei!

GHEORGHE MIZGAN is a member of the Writers' Society "Connections" from Bistrita, he has published 22 volumes of poetry.

## Masked by Shadows

I looked at her avidly.
I, the hunter, she the deer!?
And instead of the rifle I had eyes
enough to gather all the present in
memory containers.
Masked by the shadows of the chandelier,
I looked at her...
In her chestnut tree where the stars mirrored.
On the face
of it, between the lattices
a luster flashed.
Drops of sadness were pouring
on the damp trail. Gathered in a grail.
I watched it through my eyes so dry
of so much un-sparkling. Street statue.
Suddenly, like a fleeting feeling,
she turned her face with a pale smile.
Glittering look!
The windows of my eyes were broken!

Priveam în jos la molozul adunat. La picioare.
Şi-atunci, eu, vânătorul, m-am trezit vânat...
M-am înscris în fluxul pietonal, al trotuarului,
lăsând-o în urmă odată cu trecutul.
Stelele-şi cerneau clipele-n
nanoparticule de speranţă.

(3 aprilie 2019)

I was looking down at the rubble. At my feet.
And then, I, the hunter, found myself hunted...
I joined the pedestrian flow on the sidewalk,
leaving it behind, together with the past.
The stars sifted their seconds in
nanoparticles of hope.

(April 3, 2019)

## În pragul trezirii

Pe cerul gândurilor
se-adună nori de ură și...
dorințe incendiare.
Tunete-n frânturi de tropot de cal
rezonează-n timpanul minții.
Crâmpeie de idei incandescente,
cu ochi sticloși și luciri diamantine,
apar și dispar – în sugrumate ecouri.
În escaladarea prăpăstioșilor versanți
rafale potrivnice îmi biciuiesc prinderile.
Din nișe-ntunecate ies torenții frământărilor
aducând din adâncuri
rădăcini de speranțe. În mici oaze.
Verific aderența prinderii
cu fiecare pas în ascensiune.
Caut noi prinderi în pitonii credinței.
Ca-ntr-o descărcare kebabică
se surpă idei contradictorii.
Cu o ultimă sforțare întind mâna,
mă prind de muchia ultimei idei
din traversarea hăului.
Suspendat, privesc în sus.
De după perdea,
o rază de Soare îmi mângâie fruntea-n
broboade de lumină a blândei dimineți!

(3 iunie 2019)

# On the Verge of Awakening

on a sky of thoughts
gather clouds of hatred and...
incendiary desires.
Thunders of horse trot echoes
in the eardrum of the mind.
Cracks of incandescent ideas,
with glass eyes and diamond glitter,
appear and disappear – in hushed echoes.
In climbing the steep slopes, strong
bursts of wind whip my grip.
From the niches of darkness
the torrents of the troublemakers
come from deep roots of hope.
Into small oases.
I check the tightness of the grip
with each step uphill.
I'm looking for new catches in the pitons of faith.
As in a Kebabic download
there cave in contradictory ideas.
With one last effort I extend my hand,
to the edge of the last idea
on the traverse of the abyss.
Suspended, I look up.
From behind the curtain,
a ray of sunshine caresses my forehead
in the light wraps
of the gentle morning!

(June 3, 2019)

## Anișoara Laura Mustețiu

originară din Timișoara, România, locuiește în Sydney, este licențiată în Scriere Creativă și Comunicație (Griffith University, Australia, 2017). I-au fost publicate poeme în reviste precum Confluențe Literare, Logos și Agape, Pro Diaspora. A publicat volumele „Travel in Time", „A Life Story in Poems" (2020) și „Yarran", „Stories from Australia", „Children's Book" (2020).

## Curcubeul universului

Zburând
pe aripile imaginației,
departe de ego,
cutreierând înălțimile,
m-am rătăcit
pe o cărare luminoasă
în univers.
Acolo m-am izbit
de ecoul mut
al dorinței profunde
de a găsi pentru o clipă
o iubire pură,
necondiționată,
care să-mi aline sufletul,
încă tremurând
sub povara atâtor dureri.

Căutând iubire
am atras o explozie cosmică,

ANIȘOARA LAURA MUSTEȚIU born in Timișoara
(Romania) Anișoara lives in Sydney and holds a Bachelor
of Creative Writing and Communication (Griffith Univeristy,
Australia, 2017). Her poems were published in magazines
such as Literary Confluences, Logos & Agape,
Pro Diaspora. Anișoara published the volumes Travel in Time,
A Life Story in Poems (2020) and Yarran,
Stories from Australia, Children's Book (2020)

# The Rainbow of the Universe

Flying
on the wings of my imagination
far away from my ego
searching the heights
I got lost
on a luminous path
in the universe
There I was hit
by the silent echo
of a profound desire
to find, even for one moment
a pure love
unconditional
to soothe my soul
still quivering
under the weight of so many burdens

Seeking love
I attracted a cosmic explosion

o lumină caldă,
pe care am absorbit-o
cu atâta sete,
adânc în suflet.

Apoi am atins cu gingășie
luminile colorate
ale unui curcubeu,
care ilumina universul.

În liniștea divină,
scăldată în atâta lumină,
m-a atins o vibrație.
Era egoul
care mă chema,
să mă întorc înapoi.
L-am ingnorat
și am mai rămas
câteva clipe,
pentru a simți iubirea divină
și freamătul sufletului
care plângea,
în tăcerea universului.

În timp ce gândul
plutea lin și gingaș,
peste munți și văi
cu zăpezi argintii,
din nou spre acasă,
o voce suavă,
m-a trezit din vis.

a warm light
which I absorbed
so thirstily
deep within my soul

Then I tenderly touched
the coloured lights
of a rainbow
illuminating the universe

In that divine silence
bathing in so much light
was the ego
calling me
to return
I ignored it
and I remained there
for a few moments
to feel the divine love
and the quivering of my soul
weeping
in the silence of the universe

While my thought
was floating tenderly
over mountains and valleys
with silvery snows
again towards home
and a suave voice
awoke me from my dream

M-am scuturat întristată,
lăsând pe pământul moale,
o rafală de lacrimi.
Privind încă o dată
în adâncul sufletului,
am zărit cu uimire,
o mulţime de stele,
pulsând şi licărind,
un univers
plin cu iubire divină,
răpit dintr-un vis
fermecător.

I shook myself saddened,
leaving on the wilted ground
a burst of tears.
Looking again
in the depth of my soul
I glimpsed with astonishment
a multitude of stars
pulsating and shimmering
in a universe
filled with divine love,
rapt from an enchanting
dream.

# CORINA NEGREA

este Membră a Societății Scriitorilor Bistrițeni „Conexiuni". A publicat un volum de poezii.

## Încerci să te-ntâlnești cu tine

Încerci să te-ntâlnești cu tine...
Și te revezi, copil, printre coline
Când, bucuros că-ntâmpini primăvara
Priveai cum, la izvor, se-adapă căprioara.

Pe malul apei, te întreceai cu valul...
Și vântul te-alinta, urcând cu tine dealul.
Curios, priveai culori ce le-aprindea în zori
Un răsărit de foc, ce-ți dă și-acum fiori.

Cu talpa frământai, mirat, un fir de iarbă...
Pășeai desculț, trecând pe ulițe, în grabă.
Opincile băteau un ritm, în colbul de pe drum.
Hai, urcă-n pod...Te-așteaptă un costum.

Costum purtat de un om drag, în sărbători...
Juca mândru, semeț, un joc doar de feciori.
Ai învățat să-l joci, și învățând toți pașii,
Sudoarea săruta fin gulerul cămășii.

CORINA NEGREA is a member of the
Society of Writers "Connections" from Bistrita.
She published a collection of poems.

# You're trying to encounter yourself

You're trying to encounter yourself...
And see yourself again, as a child, among the hills
When, glad to meet yourself in the spring
You watched the deer drink at the well.

On the waterfront, you were competing with the wave...
And the wind caressed you, going up the hill.
Curiously, you were watching colors that lit up at dawn
And a sunrise, that still makes you shiver.

With your sole you kneaded, amazed, a blade of grass...
You walked barefoot, crossing the streets in a hurry.
The shoe was beating a rhythm in the cobblestone on the road.
Come on, get on the bridge... A suit is waiting for you.

A suit worn by a dear man, on holidays...
Dancing proudly, proudly, just a dance for boys.
You learned to dance it, and by learning all the steps,
Sweat kissed the collar of your shirt.

Jucatu-l-ai şi tu, cu drag şi cu mândrie...
Păstrează-i amintirea, icoană să îţi fie.
Că sunt frânturi şi rânduri dintr-o viaţă
Cu zile înşirate pe fir de albă aţă.

You danced it too, with love and pride...
Keep his memory, let it be an icon for you.
Because these are fragments and lines of a life
With days lined up on a white thread.

## Floare de mac

Eram floare de mac...
Petale-nflăcărate,
pe-un cer trist și opac!

Eram zâmbet de ploaie,
curgând necontenit
prin surele șiroaie!

Eram mlădie-n vânt,
Cu trupul răsturnat
între nori și pământ!

Eram! M-am regăsit
Și peste anotimpuri
prin cioburi am pășit.

Sunt iar floare de mac...
Cu trup ascuns în glastră,
sub cer răsfrânt în lac!

Și-s iar zâmbet de ploaie...
Nori suri și cer senin,
valsează în odaie.

Și sunt mlădie-n vânt...
Tulpină arcuită-ntre
Cădere și-avânt.

# Poppy flower

I was a poppy flower...
Petals in flames,
in a sad and opaque sky!

I was smiling at the rain,
pouring incessantly
through the streams!

I was a branch in the wind,
With the body upside down
between clouds and earth!

We were like that! I found myself
And over the seasons
I stepped through the shards.

I'm a poppy flower again...
With a body hidden in the hood,
under the sky reflected in the lake!

And I'm smiling again...
Sunny clouds and clear skies,
waltz into the room.

And I'm a branch in the wind...
Stem arched between
Fall and rise.

## J C NORTHEY

(pseudonim al autoarei Jo Corinna Northey) este poet și artist visual dedicată dezvoltării unei practici creative bine documentată filozofic, care locuiește și lucrează în regiunea Guringai la nord de Sydney. Jo deține un masterat în Scriere Creativă de la Sydney University și finalizează în prezent un Masterat în Literatură, Limbă și Cultură la Freie Universität Berlin, unde a locuit timp de trei ani. I-au fost publicate poeme în FU Review și alte jurnale universitare, și a recitat poezie la evenimente culturale din Sydney și Berlin.

## Oblicitate

miros tare
acele de pin se frâng
sub tălpile bocancilor.

anotimpurile cad
se rostogolesc împreună
bandaj peste pustietate.

pământul roșu
ca o lună veche
sângerând înspre răsărit.

muguri noi izbucnesc pe lângă
țărmuri de izvoare
ce se rup, se scurg, ademenesc

furtuni proaspete din vest
unde mâțișorii dau în smoc devreme
sub linia zăpezilor.

nori bogați în polen
înverzesc aerul până când
frunzele plopilor tremură.

J C NORTHEY (the author name of Jo Corinna Northey) is a poet and visual artist committed to developing a philosophically informed creative arts practice, who lives and works on the Guringai land, north of Sydney. Jo holds a Masters of Creative Writing from University of Sydney and is currently completing an MA in Literature, Language and Culture with Freie Universität, Berlin, where she lived for three years. Jo has published poetry in the FU Review and various university journals, performed in poetry events in Berlin and Sydney.

## Obliquity

sharp scent
pine needles crack
beneath boot soles.

seasons fall
rolling together
bandage a wasteland.

reddened earth
under an old blood moon
bleeds into sunrise.

new buds burst
beside banks of bound streams
break leak lure.

fresh gales
catkins tuft early
below snowlines.

pollen-rich clouds
green the air until
aspen leaves tremble.

## urmare

*(viața de apoi a unui acrostih – William Carlos Williams, XXII, 1923)*

atâta sânge vărsat. atât
de multă viață agățată precar. atât
de mult depinde de specificități stranii
de un million de decizii anterioare.

un flux ca praful prins de canturi, margini luminând în
roșu aprins. înrămat, rotunjit ca o
roată. praf mai fin decât nisipul se agață de țărmul lărgit. adu
o roabă pentru cei morți. cu ochii déjà

sticloși, nu ca la cei răniți, gravați
de durere, ale caror vaiete ard precum
cade o ploaie acră; brancardierii înaintează cu greu prin fetida
apă reziduală

alături de trupuri sfărâmate risipite printre
muște și putoarea groazei, frica fracturează
albul ochiului – ultimul deabia viu, în timp ce
găinile, cu penele ude, umblă de colo colo și ciugulesc.

# aftermath

*(acrostic afterlife – William Carlos Williams, XXII, 1923)*

so much blood spilt. so
much life hangs, precarious. so much
depends upon strange specificities
upon a million past decisions.

a rising tide as dust binds to rims, edges brim bright
red. framed, rounded like a
wheel. dust finer than sand sticks to widening shores. bring a
barrow for the dead. eyes already

glazed, unlike the wounded etched
with pain, whose pleas burn as acrid
rain– falls; stretcher-bearers wade through waste and fetid
water.

beside broken bodies, strewn amidst
the flies and stench of dread. fear fractures the
white of the eye – one last barely living, while
chickens, feathered-wet, roam and peck.

# Mirela Orban

este membră a Societății Scriitorilor
Bistrițeni „Conexiuni".
A publicat două volume de poezii.

## Atât de puțin

Ia-ți în brațe mama vreo trei minute sau mai mult
să-și ascundă lacrima în pieptul tău de om mare
să-ți simtă inima cum bate
aproape de locul unde ai încolțit definitiv
Depărtarea și-a întins rădăcinile pe nopțile copilăriei
și zilele cu multe râsete s-au preschimbat
în felii de cozonac înmuiate-n lapte
Nu o lăsa să ofteze singură
în spatele unei flori dăruită în grabă
Lasă-i timp copilule mare
vreo trei minute sau mai mult
să-și inunde ființa fragilă cu mirosul tău de om tânăr
să creadă că mai ai nevoie de mângâierea ei pe creștet
și de sărutul de noapte bună

În mamele noastre înfloresc cireșii
de câte ori le trecem pragul
și ne agățăm pe umerii lor toată dragostea

MIRELA ORBAN She is a member of the
Writers' Society "Connections" from Bistrita.
She has published two books of poetry.

## So little

Take your mother in your arms for about three
minutes or more
so she could hide her tear on your big man's chest
to make your heart beat
close to where you finally sprouted
The distance has its roots in childhood nights
and the days of much laughter have changed
in slices of cake soaked in milk
Don't let her sigh alone
behind a hastily given flower
Give the adult baby time
about three minutes or more
to flood her fragile being with the smell of your youth
let her believe you still need her caress on your head
expecting her good night kiss

Cherries bloom in our mothers
every time we cross their threshold
and we hang all our love on their shoulders

## Ruleta rusească

în fața plutonului de execuție
de o săptămână
fiecare zi un glonț
fiecare glonț un suflet sfâșiat
când ai intrat în hora morții
doar chipurile celor dragi
te mai țin în picioare
dincolo de mirosul de dezinfectant
supunere și tăcere
ai semnat clauza de confidențialitate
cu pistolul la tâmplă

pe geam o sentință-curcubeu
"Totul va fi bine"

# Russian roulette

in front of the execution squad
for one week
each day a bullet
each bullet a torn soul
when you entered the choir of death
only the faces of loved ones
keep you standing
amidst the smell of disinfectant
obedience and silence
you signed the confidentiality clause
with a gun to your head

a rainbow sentence on the window
"Everything will be fine"

## GENEVIEVE OSBORNE

este o scriitoare din Sydney. Poemele ei au
fost publicate în reviste precum Southerly,
Meanjin, Island, Blue Dog:Australian Poetry,
Five Bells, Red Room Poetry's
*The Dissapearing*, şi în Emma Press
*Anthology of the Sea* (Marea Britanie).
A fost co-câştigătoare a premiului
„Henry Lawson" şi i s-a acordat locul doi la
competiţia „Gwen Harwood" pentru Poezie.

## Cădere înceată

Casa care se prăbuşeşte încet nu face nici un zgomot
Vacile se plimbă pe lângă ea fără să-şi dea seama
Cu fiecare centimetru şi fiecare an mai aproape de pământ
Îţi fereşti privirea, scoţi legitimaţia de servici

Vacile din jur pasc fără să le pese
Prin ferestre coceni de porumb pe jos
Îţi fereşti privirea, te joci cu legitimaţia de servici
Cândva picioruşe alergânde şi râsete făceau jocul

Prin ferestre coceni de porumb pe jos
Vitele îşi găsesc adăpost împotriva frigului
Cândva picioruşe alergânde şi râsete făceau jocul
Când râul seacă iarba nu mai rezistă

Vitele se împing să se adăpostească de frig
Priveliştea de peste dealuri este către mare
Iar când râul seacă, iarba nu mai rezistă
Un vânt sărat lingea scândurile desprinzându-le

GENEVIEVE OSBORNE is a Sydney writer. Her poems have appeared in Southerly, Meanjin, Island, Blue Dog: Australian Poetry, Five Bells, Red Room Poetry's *The Disappearing* and The Emma Press *Anthology of The Sea* (UK). She was joint winner of the "Henry Lawson Prize" for Poetry and runner-up in the "Gwen Harwood" Poetry Prize.

## Slow falling

The house slow falling makes no sound
Cows amble by without regard
Inch by year closer to the ground
You look away, pull out your working card

Cows all around eat on without regard
Through the window corncobs on the floor
You look away, play your working card
Once running feet and laughter kept the score

Through the window corncobs on the floor
Cattle find a shelter from the cold
Once running feet and laughter kept the score
When the river thins the grasses cannot hold

Cattle shoulder in to shelter from the cold
The view across the hills is to the sea
As the river thinned, the grasses could not hold
A salt wind licked the timbers edging free

Priveliştea de peste dealuri este către mare
Cu fiecare centimetru şi cu fiecare an mai aproape de pământ
Un vânt sărat linge scândurile desprinzându-le
Casa care se prăbuşeşte încet nu face nici un zgomot.

The view across the hills is to the sea
Inch by year closer to the ground
A salt breeze licks the timbers tilting free
The house slow falling makes no sound

## Laguna Bunga

Nici un suflu de vânt când împing canoea
apa atinge uşor carena
vâslesc de partea cealaltă, după stâlpii de gard inundaţi
şi mă las purtată printre stuf şi ierburi
în timp ce lebedele negre îşi instruiesc bobocii,
văd burta albă a unui vultur de mare,
un avertisment    printre eucalipţii lânoşi*

dar dintr-o dată vântul de nord-est e puternic şi rapid
şi încerc să vâslesc înapoi    după promontoriu
din nou şi din nou    fără succes în canoe

tu eşti singur la cort
tatăl tău a plecat în oraş

şi apoi abia îţi zăresc    şapca roşie abia vizibilă,
făcând paşi cât poţi de mari
prin iarba înaltă    fără să-ţi pese de şerpi
m-ai văzut în dificultate şi ai lăsat la oparte paraşutele
ce le făceai pentru soldaţi
vocea abia ţi se auzea împotriva vântului
*ai nevoie de ajutor?*
şi tot ce există vine spre mine
în acele sunete

las canoea să fie zvârlită în bancul de nisip  iar tu sari înăuntru pe la proră
îţi apleci corpul tău uşor
înspre vâslă
sprijinindu-te împotriva vântului care bate în jurul promontoriului
hotărât să răstoarne echilibrul.

---

* *woolybutt* – eucalipt „lânos", o specie de eucalipt ale cărui flori au nişte terminaţii
fibroase ca nişte fire – de unde numele.

# Bunga Lagoon

No wind when I push off in the canoe
the water easy against the hull
I paddle to the far side, past the flooded fence posts
and drift watch through the reeds and grasses
as the black swans teach their young,
the white belly of the sea eagle
a warning high in the woollybutts

then the nor'-easter strong and quick
and I try to paddle back nosing out past the point
again and again blown back useless in the two man canoe

you're alone in the camp
your father gone to town

and then I see you red cap just visible
taking strides as big as you can
through the long grass not thinking of snakes
you've seen my distress and left the parachutes you're making
for your soldiers
your small voice shouting now against
the wind
*do you need some help?*
and all the world and beyond travels
to me in that sound

I let the canoe blow back into the bank and you climb into the bow
hunch your light frame
to the effort of the paddle
leaning out into the wind as it slaps around the point
determined to tip the balance.

# Adrianna Paul

născută în București, locuiește în Sydney din timpul adolescenței. Activând ca soprană lirică (cu studii la Sydney Conservatorium of Music), a îmbinat cu success o carieră muzicală cu cea științifică (Doctorat în Fiziologie – Université Laval, Canada). Fluentă în cinci limbi, Adriana are o pasiune deosebită pentru literatură, care include traducerea de poezie și lirică vocală. Recent a participat la traducerea antologiei „Testament – 400 de ani de poezie românească" (Minerva, 2019).

## Fragmente ale unei ploi de primăvară

Gonind spre casă
prin furtuna uluitoare
am urcat cărarea șerpuită
care tot creștea, infinită

Am sărit pârâul umflat
înfuriat de biciul vântului
și am căutat ai apelor dragoni
printre rădăcini pitiți

Salbe de cristal
toate deodată zburau
azvârlite-n râuri
din văzduhuri zdrențuite

O cioară-nsingurată mă privea
imobilă, parcă-mpăiată
din inima haosului
ramurilor vrăjitoresc încurcate

**ADRIANNA PAUL.** Born in Bucharest, Romania, and based in Sydney since her adolescence, Adriana Paul has successfully combined a musical career (as a lyric soprano, trained at the Sydney Conservatorium of Music) with a scientific one (PhD Physiology – Université Laval, Canada). Fluent in several languages, Adriana has a passion for literature, and an affinity for translating poetry and song lyrics. She has recently participated in the translation of the anthology "Testament – 400 Years of Romanian Poetry" (Minerva, 2019).

## Fragments of a spring storm

I rushed home
through the yelling storm
up the winding trail
that seemed to never end

I crossed the swollen creek
enraged by whipping winds
and wondered
where the water dragons hid
perhaps below like dormant seeds.

Crystal necklaces
were flung in rivers
all at once
by ripping clouds

A solemn crow
immobile as if stuffed
clung to the chaos
of entangled witchy boughs

Mi-au răsărit în gând magnolii
proaspăt roz sau dalbe
tremurând precum candelabre de mătase
viețile lor scurtate,
visătoare petale
risipite
zdrobite
înlăcrimate.

---

\* poem compus în engleză și reinterpretat în românește de către autor)

I thought of magnolias
newly pink or white,
trembling velvet chandeliers
their fast life cut short
their dream petals,
scattered
sodden
crushed,
teary.

## Răzvrătire

Înfăşurată-n jurul miezului perlat
Sămânţa veghează, ghemuită în vise,
Iarna asta, lungă cât zece

Nu! zise ea către acul mistuitor al soarelui
Iarăşi, nu!
Văd cerul de aici
Îl văd clar
Primăverii deja
Îi simt parfumul.

Să se desfăşoare fără mine.
Fir fragil nu voi mai fi
Zdrobit
De talpa grea a furtunii.

Lumea mea e desăvârşită
Aşa cum este.*

---

* poem compus în engleză şi reinterpretat în româneşte de către autor

# Rebellion

Wrapped around its pearly kernel
The seed sleeps, curled in dreams
This long winter, as long as ten

No! says she to the sun's searing needle
Not again!
I see the sky from here
I see it clear
And taste spring I can.

Let it all unfold without me
No fragile sprig I shall be
To only be crushed
By the gale's boot so heavy.

My world is exquisite
As it is.*

---

* poem originally written in English, and reinterpreted in Romanian by the author

# Phyllis Perlstone

artistă și producătoare de film experimental, iar din 1992 poetă, a studiat poezie la New School for Social Research, New York. Dintre distincțiile primite: Premiul statului New South Wales pentru Poezie scrisă de Femei 2004, Premiul Doi în competiția națională pentru Literatura scrisă de Femei, și finalist în competiția Premiile Premierului NSW în 2008. Lucrările i-au publicate în multe reviste literare și antologii. Are publicate patru volume de poezie, al cincilea urmând să apară anul acesta, 2021.

## Mai târziu

Soldați revenind din concediu de pe insula Lemons
înapoi la Gallipoli* iarna
    pălăriile trase
doar ochii se văd
    unul zâmbește, în bătaie de joc;
altul, întunecat în jurul ochilor precum lacrimile
pâtându-i obrajii
se uită spre aparatul de fotografiat
cu buzele moi, cunoscând
ca și cum ar vrea să descopere un martor
    fără să-i pese că nu poate scăpa

---

\* *Gallipoli* – Suvla Bay, pe coasta Turciei, locul unei bătălii din primul Război Mondial, în care trupele ANZAC (Australian & New Zealand Army Corps) sub comanda unui general britanic Sir Frederick Stopford – dat afară mai târziu pentru incompetenţă – au confruntat trupele truceşti conduse de generalul Mustafa Kemal. Deşi bătălia a avut un rezultat dezastros pentru trupele Australiene şi Neo Zeelandeze, soldaţii de la antipozi au luptat eroic, iar aceastǎ confruntare a dus la întărirea spiritului national şi de identitate a celor douǎ ţǎri ca naţiuni independente de Imperiul Britantic. În al doilea Război Mondial, trupele de la antipozi au fost conduse de generali autohtoni, iar nu britanici.

PHYLLIS PERLSTONE – an artist and experimental filmmaker, then a poet from 1992, studied poetry at the New School for Social Research, New York. Awards include NSW Women Writers Poetry Prize 2004; second in National Women Writers Poetry Prize 2005. *The Edge of Everything* was shortlisted for Kenneth Slessor Prize, Premier's Award NSW in 2008; she's published in several journals and anthologies. She has four published volumes of poetry, with another for later this year, 2021.

## Later

soldiers returning from rest on Lemnos
to Gallipoli in winter
                    hats pulled
only eyes showing
                    one mocking, smiles;
one, the darkness around his eyes like tears
stained-in
stares towards the camera
in a sort of soft-lipped knowing
as if to a source of witness
                    indifferent to his no-escape;

În mijlocul mulţimii celorlalţi, acest soldat se întoarce
priveşte la vizualizator; alţii din profil
sunt conţinuţi în oblicitate  a lucrurilor
ca şi cum
n-ar fi focalizaţi în mod deliberat –
şi cu ofiţerii stând la marginea şlepului
cu şepcile ascuţite îndreptate
spre marea pătată cu alb
având iluzia că ei sunt la cârmă
că ei controlează lucrurile

Within the mass of others this soldier turns
looks at the viewer; others are side-on,
are contained in an obliqueness to things
as if
deliberately not focusing –
and officers standing at the edge of the barge
peaked-capped heads pointing
towards the white-flecked sea
the illusion is they steer themselves
are in control

## O scrisoare*

o fată de doisprezece ani
așteaptă la coadă
și scrie

vreu să trăiesc
dar nu ne vor lăsa...
mi-e frică
fiindcă i-au aruncat
pe cei mici
de vii în groapă

     prin scrisoare ea își ia la revedere
     de la tatăl ei

acestea sunt veștile ei pentru el
ceea ce vrea
ceea ce vede
ceea ce simte

când îmi vei scrie
spune-mi dorințele tale
temerile tale
îi scrisese tată ei*

---

*La un monument memorial pentru Evreii Uciși (în Berlin lângă noul Reichstag) există
o placă gravată cu scrisoarea unei fete către tatăl ei. Scrisoarea a fost găsită și trimisă
prin poștă la adresa de pe plic.

# A letter*

a twelve year old
girl waiting in a line
writes

I want to live
but they won't let us
I am frightened
because they threw
the little ones
into the pit alive

        the letter is her goodbye
        to her father

this is the news for him
what she wants
what she sees
what she feels

when you write to me
tell me your wishes
your fears
a father says*

---

* At the Memorial for the Murdered Jews (in Berlin near the new Reichstag) there is a plaque engraved with the letter to the father of a girl. The letter was found and posted to its address.

# Puiu Răducan

este organizator de evenimente literare din Râmnicu Vâlcea, poet și autor de studii și monografii literare. Lucrările lui sunt incluse în 14 antologii colective. I-au fost decernate, printre altele, Premiul Ligii Scriitorilor (2015) și Diploma de Onoare a Universității de Stat Pitești. Este membru al Academiei Australiano-Române.

## Cârciumi obediente

În cârciumi obediente sticlele se tăvălesc pe dușumea sforăind.
Altele, cele pline, tremură-n rafturi la fiecare
deschidere a ușii. Rezemat de șoldul viorii, Gică 'al
lui Arcuș, își azvârle din când în când și-n gând
ochii rumegători în pălăria care colectează finanțe opărite.
Oglinda mare din centrul „catedralei" ia fel de fel de
forme de la mirosul vinului, al țuicii ori al berii.
Nu suportă bețivii și-i pocește direct proporțional
cu canitatea consumată. Când ceața se așază-n
priviri, oglinda se face palidă la față. Nu mai vede. Cu
urmele pașilor ruginiți și îmbălsămați de țuica
puturoasă nea Gică iese din pauză, începe să
bălăngăne vioara plină de tabac pe arcușul obosit.
Și-i zice, și-i zice... Simte că în curând viscolul
fierbinte se reazemă de cruci infantile. Deja... toate
muierile sunt Ilene cosânzeniste!
Le vede și le simte... fecioare.
În putregai de viață stupidă vioara-i obosită asistă cu
emoții la recolta din pălărie.
Nea Gică încă... respiră.

Puiu Răducan organizes literary events in his native town of Râmnicu Vâlcea, is a poet and author of literary monographs and studies. His works are included in 14 collective anthologies. He received, amont others the Prize of the Writers League (2015) and the and the Honorary Diploma of the Pitesti University. He is a member of the Australian-Romanian Academy.

## Obedient booze-shops

In the obedient booze-shops the bottles roll snoring on the floor.
The others, the full ones, tremble on the shelves
at every opening of the door. Resting on the hip of
his fiddle, Gică son'o'Fiddlestick now and then throws
a rummaging eye inside the hat collecting the scalded finances.
The large mirror in the center of the "cathedral" takes
all sorts of shapes from the smell of the wine, of the
brandy, or of the beer. It cannot stand the drunkards
and it hackles them proportionally to the quantity
consumed. As the fog settles on their gaze, the mirror
becomes pasty-faced. It can no longer see.
With the traces of his steps rusty – and embalmed by
the stinky brandy – uncle Gică takes a break, starts to
swing his tobbaco-filled violin on the tired fiddlestick.
And he fiddles and fiddles... He feels that soon the hot
blizzard will rest on the infantile crosses.
Already... all the wenches seem Sleeping Beauties!
He sees them and feels them... maidens.
In the rot of this stupid life his tired violin contributes
filled with emotions from the harvest in his hat.
Uncle Gică... breaths, still.

## George Roca

Scriitor român stabilit în Sydney, Australia, George Roca este important promotor al culturii literare româneşti peste hotare, redactor-şef la reviste internaţionale, tipărite şi online, cum ar fi Clipa, Observator Cultural, Confluenţe Literare. În poezie, a publicat volumele *Evadare din spaţiul virtual*, *Căutând insula fericirii* şi *Poeme cifrate*, fiind inclus în numeroase antologii. Printre multele disctincţii primite, George Roca a fost premiat şi de Ministerul pentru Românii de Pretutindeni (2019) pentru promovarea culturii româneşti peste hotare.

## *De unde începe lumea*

Astăzi, lumea începe la tine
şi se termină la mine!
Democratic ar fi ca mâine
lumea să înceapă la mine
şi să se termine la tine.
Pentru tine,
lumea poate începe din America,
sau din Insula Pitcairn,
sau din Sikkim, Nauru, Botswana,
sau chiar de pe Chomolugma...
Pentru mine,
lumea începe din România
şi se termină în Australia. Punct!
Pentru unii,
lumea începe de la ei
şi se termină tot acolo.
Ei şi restul lumii!
Pentru alţii,
fără coloană vertebrală,

GEORGE ROCA. Romanian writer living in Sydney, Australia, George Roca is one of the most significant promoters of Romanian culture outside Romania, chief-editor to publications international literary publications, in print and online, such as "Clipa", "Observator Cultural", "Literary Confluences". In poetry, he published the volumes *Escape from the Virtual Space, Seeking the Island of Happiness* and *Coded Poems*, being included in numerous anthologies. Among the many distinctions received, George Roca was awarded by the Minister for Romanians Abroad for his contributions to Romanian culture overseas (2019).

## Where does the world begin

Today, the world begins with you
and it ends with me!
For the sake of democracy tomorrow
the world should begin with me
and finish with you.
Perhaps for you,
the world might begin in America
or on Pitcairn Island,
or Sikkim, Nauru, Botswana,
or even on Chomolungma...
For me
The world begins in Romania
and it ends in Australia. Full stop!
For some,
the world begins and ends
with them.
It's them against the rest of the world!
For others
spineless people,

lumea începe şi se temină
cu treizeci de arginţi.
Lumea,
poate să înceapă pe Pământ
şi să se termine
la capătul Universului.
În ultima vreme,
pentru mulţi dintre noi,
lumea începe din clipa
în care ne cuplăm
la Internet...

the world begins and ends
with thirty pieces of silver.
The world can begin on the Earth
and finish
at the end of the Universe.
Lately,
for many of us,
the worlds begins
in the moment
when we connect
to the internet..

## La muzeu

în spatele
panourilor de sticlă
păsările
sorbeau soarele
precum un fluviu
care se revărsa
în gâtlejurile lor
pătrunzând adânc
în gușile lor
asemănătoare
cu curbura
amforelor vechi
din ceramica
zămislită de hiperboreeni*
și păstrată pentru noi
în nisipul de aur
al unui fund de mare.

---

* *hiperboreeni* – în miturile Europene, locuitori având calități magice, din Nordul
îndepărtat.

# At the museum

behind
the glass panels
birds
absorbed the sun
like a river
overflowing
into their throats
penetrating deep
into their mows
resembling
the curves
of the old ceramic amphorae
created by the Hyperboreans*
and preserved for us
in the golden sand
of a sea bed.

---

* *Hyperboreans* – in European myths, magical inhabitants of the deep North.

## CRISTINA MIRELA RUS

este profesor de limba şi literatura română şi limba şi literatura engleză. Membră a Societăţii Scriitorilor Bistriţeni „Conexiuni".

## Frica de ce?

Suntem atât de mici,
Atât de mici şi de stângaci
Sub marele imperiu al fricii şi al lipsurilor.
Frica de ce?
De moarte?
Sau lipsa a ce?
Lipsa de bunuri, de libertate, de desfătare,
Mai presus de tot şi toate,
Lipsa de Dumnezeu.
Dar de ce frică?
Căci moartea e-n fiecare dintre noi,
Ceas de ceas, clipă de clipă;
E o prelungire şi un adagio al vieţii.
E o condiţie a Învierii şi a nemuririi.
Şi atunci, de ce frică?
Mai bine biruinţă, mai bine trăire întru adevăr,
Trăire întru Hristos şi ale Sale Sfinte Taine.
Nu simţim Lumina făr' de întuneric,
Nu simţim Fericirea făr' de deznădejde,

CRISTINA MIRELA RUS is a teacher of Romanian language and literature and English language and literature, a member of the Society of Writers "Connections" from Bistrita.

# Fear of what?

We are so small,
So small and clumsy
Under the great empire of fears and hardships.
Fear of what?
Of Death?
Or lacking what?
Lack of goods, freedom, delight,
Above everybody and everyone,
Lack of God.
But why fear?
Because Death lives within each of us,
Every hour, every moment,
It's an extension of life,
A condition of resurrection and imortality.
And again, why fear?
Instead victory or living within Truth,
Living into Christ and His Holly Misteries.
We can't feel Happiness without despair,
We can't feel Love if we are strangers to pain,

Nu simțim Iubirea dacă străină ne e suferința.
Nu-l auzim pe Dumnezeu în inimă
Dacă ni se arată necontenit.
Dar noi căutăm lumina
Bâjbâind uneori prin întunericul vieții.
Poate ajungem să spunem: „Suntem fericiți!"
După ce simțim sabia durerii prinlăuntrul nostru.
Iubim Universul, iubim Viața și oamenii
Și chiar pe noi înșine
După ce Suferința face parte din ființa noastră
Și ni-L luăm pe Dumnezeu drept Tată, drept Frate și
Prieten
Să ne-nsoțească înspre Veșnicie.

We can't hear God in our souls
If He reveals Himself, over and over.
But we seek Light
Groping sometimes through the darkness of Life.
Maybe we might say:
„We are happy"
After we feel the sword of pain inside us.
We love the universe, life and people,
Even ourselves,
Only after pain is part of us
And we take God as Father, or friend, or brother
To accompany us forever.

*(Translated into English by the author.)*

## O, îngere-al meu...!

Eşti viaţă şi cântec,
Eşti dulce descântec,
Când noaptea apare
Şi sufletul doare.

Eşti nemurire,
Eşti fericire,
Când lacrima arde,
Cortina, când cade.

Eşti dor şi-mbrăţişare,
Eşti răsărit de soare
Şi ploaie de vară
Dup-arşiţa grea.

Eşti suflet ce-nvie
A vieţii-mi pustie.
O, îngere-al meu
Cu mine mereu.

# O, my angel...!

You are life and song,
You are sweet incantation,
When night shows
And the soul aches.

You are immortality,
You are happiness,
When the tear is burning
And the courtain is falling.

You are longing and hug,
You are sunrise
And summer rain,
After long draught.

You are the soul who revives
The hollow of my life.
O, my angel,
Always beside me.

*Translated into English by the author.*

## TEGAN JANE SCHETRUMPF

este poetă şi cadru universitar.
În 2015 cercetarea ei în „Noul Tradiţionalism"
în poezia australiană milenială a primit
premiul Dame Leonie al universităţii din
Sydney. I-au fost publicate lucrări în
revistele Meanjin, Southerly şi The Australian
Poetry Journal. Tegan este Editorul de Creaţie
pentru Alterity Studies şi World Literature.

## Semnale de fum

Când a murit prietena mea mult prea tânără
M-am simţit obligată să-i spun.
Am scris un SMS în dimineaţa morţii şi l-am trimis.
Unuri şi zerouri
Topindu-se în eter.
Ca şi cum
Încredinţând gândurile circuitelor,
sistemelor şi turnurilor le-ar distruge aşa cum
a fost distrusă ea.
M-am gândit la timidul ei frate
auzind beepul şi temându-se de faptul
că se impune nepoftit în durerea lui.
Nu era nevoie decât să apăs
Pe peretele Facebook ca să ştiu că nu sunt singura care
postează informaţii de doliu: Te iubesc tată,
iar azi sunt douăzeci de ani de când îmi lipseşti.
După moarte, profilele rămân
în sânul acelei atotvăzătoare fiinţe
mai mare decât noi.

TEGAN JANE SCHETRUMPF is a poet and academic. In 2015, her postgraduate research into 'New Traditionalism' in millennial Australian poetry won the University of Sydney's Dame Leonie Prize. Her essays and poetry have been published in Antipodes, Meanjin, Southerly, and The Australian Poetry Journal. Tegan is currently the Creative Editor for Alterity Studies and World Literature.

## Smoke Signals

When my friend died far too young
I felt compelled to tell her so.
I wrote an SMS the morning of her death
and sent it. Ones and zeroes
melting in the air.
As though
committing thoughts to circuits,
systems and towers was to destroy them
as she was destroyed.
I thought of her tremulous brother
hearing and fearing the beep
as it intruded on his grief.
I need only tap
Facebook's walls to know I'm not alone
in uploading mourning data: Love you dad
missed you for twenty years today.
After death, profiles remain
in the bosom of that all-seeing being
greater than ourselves.

Familiie șovăiesc în a distruge sufletele lor virtuale –
câte ființe eterice sunt blocate
în mașinărie?

Va veni cândva o zi
când fețele lor mocninde
vor depăși numărul celor vii în lumea digitală

Families are reluctant to kill their cyber souls –
how many ethereals are trapped
in the machine?

There may come a day
when their smouldering faces
outnumber the digital living.

## Omul cu pisica fără stăpân

Ce mi-a plăcut cu privire la el
a fost cât de obișnuit arăta –
Incărunțind, patruzeci de ani,
fața acunsă de ochelari, subliniat
de un tricou în dungi
acoperind o oarecare burtă –
neândemânatic, cu teamă de a nu fi prins că-i pasă de
probleme care nu-i aparțin –
deschizând pe furiș un capac uleois
al unei cutii cu pește, apoi altul
adunate pentru pisica neagră burmeză
pentru vremurile de pe asfaltul rece. Cam asta era tot
în punga de plastic –
două cutii, și o pungă de biscuiți
scumpi, ceea ce implică faptul
că a plănuit aceste cumpărături.
aruncând câteva bucăți, în fața animalului, și apoi
apucându-l timid de spate și de coadă – nu s-a opus.
Ștergându-se
Pe mâini pe bonul de cumpărături,
a plecat agale pe alee,
uitându-se peste umăr,
neconfortabil cu abandonarea
acestei mici bucăți din inima lui,
dar nesigur de ce altceva
rămânea de făcut între
limitele acțiunii.

## Man with a Stray Cat

What I liked about him
was how ordinary he looked —
greying, mid-forties face behind
spectacles, underlined
by a striped polo shirt
over something of a belly —
his awkwardness, lest he be caught
caring for problems that don't belong to him —
sneaking open the oily lid
of a fish tin, then another,
stocking up the little black Burmese
for those coming moments of cold
and asphalt. That's all
there was in the plastic bag —
two tins, and an expensive brand
of chewy biscuits, which implied
he'd gone shopping for this purpose.
Sprinkling a scoop of powdery jubes
before the animal, he tentatively
reached for its spine and tail;
it did not mind. Wiping his hands
on the docket, he drifted
down the laneway,
checking over his shoulder,
unwilling to leave this little piece
of his heart, but not sure what else
was in the bounds of doing.

# PAUL SCULLY

este un poet care locuiește în Sydney.
I-au fost publicate două colecții,
*An Existential Grammar* și *Suture Lines*.
Poemele lui au fost finaliste în competiții
poetice majore din Australia, incluzând ACU
și Premiul de poezie Newcastle, de asemenea
publicate în reviste (tipărite și online) din
Australia, Irlanda, Marea Britanie și SUA.

## Bashō prin cartier

un cerdac cu acoperișul rotunjit atârnă peste
gresia decorativă și încrețiturile
cameliilor, gardeniilor și begoniilor
înghesuie gardul este o muzică
a gâtului în beton.

~

autoturisme, autobuze, camioane, toate furnici de un fel
într-o procesiune fără sfârșit se opresc, dau prioritate
fac ocolire la instrucțiunile drumurilor cu sens unic
de confuzie ne afundăm
în mișcare, nemișcarea a ajuns să se furișeze

~

cioara este cea mai inteligentă dintre păsări
croncăne distanțat chiar și când este aproape
kookaburra* încoronează conducta de aerisire a vecinilor
cu un tărăboi liniștit nu are sens să căutăm
siguranța atunci când ceva poate însemna altceva

---

\* *Kookaburra* (dacelo chordata colaciiformes) – pasăre nativă Australiei și Papuei-Noua
Guinee. Apropiată de pescărușul albastru (Alcedo atthis).

PAUL SCULLY is a Sydney-based poet with two published collection, *An Existential Grammar* and *Suture Lines*. His work has been commended and short-listed in major Australian poetry prizes, including the ACU and Newcastle Poetry Prizes, and has been published in print and online journals in Australia, Ireland, the UK and USA.

# Bashō in the Suburbs

a bullnose veranda grazes over
tessellated tiles and tuck pointing
camellias gardenias and begonias
throng the fence-line there is a music
of the throat in the concrete

~

cars buses trucks all ants of a kind
in endless procession stop give way
detour no through road instructions
for confusion we so immerse ourselves
in motion stillness has grown furtive

~

the crow is the smartest of birds
it sings of distance even when nearby
the kookaburra crowns the neighbour's stinkpipe
with a peaceful ruckus it is pointless to quest
for certainty when one thing may mean another

## Fără cuvinte

(Intamooga*/Șobolanul de copac cu picioare negre)

1.
O pădure e tăiată
rumegușul e arat
dedesupt și să îngrașe recolta
sau folosit drept placaj pentru case

un arbore găunos, acum gol
care cândva era orientat spre nord
făcut acum scrum sau colonizat
de canola sau boiandrug
este de trei ori absent

2.
Iasca sau surcelele sunt acum lipsite
de foc de extazul aprinderii ele supraviețuiesc
acum în aplicații și aparate
și se împiedică arareori în vorbire

3.
pierderea locuiește în multe silabe
toate poartă o etichetă
unele contează mai mult ca altele

---

* Șobolanul de copaci cu picioare negre – Mesembriomys gouldii – cunoscut într-unul din dialectele aborigene ca *intamooga* – un rozător nativ Australiei, mare (700-800g) – pe lista animalelor în pericol de dispariție

## Lost for Words

### (Intamooga/Black-Footed Tree Rat)

1.
   a forest is felled
   its sawdust ploughed
   under and fed into crops
   or plaqued into housing

   an empty tree hollow
   with a once north-of-life aspect
   cindered or colonised
   by canola or architraves
   is three times absent

2.
   tinder and kindle are now bereft
   of fire of rapture they subsist
   in apps and devices
   and falter into seldom speech

3.
   loss inhabits many syllables
   all carry a label
   some count more than others

# ERIN SHIEL

este o poetă din Sydney. I-au fost publicate lucrări în Mascara Literary Review, Meanjin, Cordite, și Australian Love poems.
În 2018 a fost finalistă a concursului de poezie din Canberra. Erin lucrează acum la primul ei volum.

## Două prune roșii

Prună roșie în paner.
Este întâi martie*. Dinții mei
ronțăie cu satisfacție
desprinzând pulpa aurie
de sâmbure. Coaja amăruie
mă duce cu gândul la o altă
Toamnă.

Ea nu poate apuca decât prunele căzute.
Zeama-i curge pe gât
și pe închieietura mâinii. Poartă rochia cea bună,
aceea cu margarete la capătul
fundelor verzi. Aruncă cu un sâmbure
către pisica neagră

---

\* martie este prima lună de toamnă în emisfera sudică.

ERIN SHIEL is a Sydney poet. She has had poems
published in Mascara, Meanjin, Cordite and
Australian Love Poems. In 2018 she was shortlisted
for the University of Canberra VC Poetry Prize.
She is writing her first collection.

# Two Red Plums

Red plum in the fruit bowl.
        It is the first of March. My teeth
    make a satisfying crunch
        as the golden flesh separates
      from the stone. Bitter skin
          takes me back to another
           Autumn.

She can only reach a fallen plum.
        The juice runs down her neck
    and wrists. She is wearing her good dress,
        the one with the daisies on the end
      of green ribbons. She throws
          the stone at the black cat

care sare, nervoasă și scuturând
piciorul negru. Ea aleargă și strânge pisica în brațe,
prea tare. Se ridică în picioare și suge
suzeta, privind la peștii
din iaz care sburdă
departe de ea, în timp ce ea intră în apă.

Alunecă pe burueni și umple
o pungă de plastic cu apă tulbure.
Aude dinspre casă
o bătaie în ușă. Adulții discută.
Ea ascultă. Nemișcată. Iese cu atenție
din iaz.

Șterge noroiul de pe rochie
Își pune suzeta în buzunar.
Mai mușc odată din
pruna zilei de azi.
Dar pruna din amintirile mele
s-a terminat.

Câte ore am petrecut oare
amuzându-mă cu o pungă de plastic
o pisică și un iaz cu pești:
Toamna viitoare
când voi mânca o prună roșie
nu-mi voi reaminti de ziua de azi

dar îmi voi aminti de pruna căzută, de iazul cu pești și de
vocile fără explicație.

who jumps, skittish, shaking
     a back leg. She runs and hugs the cat
  too hard. Stands up and sucks
    her dummy, watches the Koi
   in the pond who dash
      out of her reach as she climbs in.

She slides on the weed and fills
    a plastic bag with muddy water.
  She can hear through the house
    a knock on the front door. Adults are talking.
   She listens. Still. She climbs cautiously
    out of the pond.

She rubs at the mud on her dress.
     Puts the dummy back in her pocket.
 I take another bite out
   of today's plum.
  But the plum in my memory
    is finished.

How many hours did I spend
    amusing myself with a plastic bag,
 a cat and a fish pond?
   Next Autumn,
  when I eat a red plum
    I won't remember today...

but I will remember the fallen plum, the fish pond and
the unexplained voices.

## Pisică

prinzător de păsări
vânător crud ce ești
băieții te-au convins
să vii de pe străzi
și ai reușit să faci ca nopțile târzii
de muncă să fie mai puțin însingurate
să fii o pernă caldă
pe canapea
să ai grijă de copii bolnavi
stând pe noptiera lor
ești un ornament în mișcare
cu fiecare lins
o prezență calmă
printre furtuni
acum trupul tău șade
inert și torcând
prin durere
te uiți la mine
spun un cuvânt și acul
îți pătrunde în rinichi
mai scuturi o respirație
și greutatea ta scade
aș putea să-ți storc
Acum trupul
ca pe un prosop negru.

# Cat

catcher of birds
cruel hunter
young boys coaxed
you in as a stray
you have made late nights
working less lonely
been a warm
pillow on the couch
kept sick children
resting by sitting
on their bedside table
an ornament in motion
one lick at a time
you were a calm
presence amongst
small tornadoes
now your body lies
between my arms
on the steel table
plump and purring
though in pain
you look at me
I give the word
and the needle
goes into your kidney
you rattle a breath
the plumpness subsides
until I could wring
out your body
like a black towel

# Veronica Știr

traducătoare, poetă, membră a Societății
Scriitorilor Bistrițeni „Conexiuni", și a Uniunii
Scriitorilor din România. A publicat zece
volume de poezii, proză, traduceri.

## Clepsidra pustie

In memoriam Ioan Iustin Purza

Cu regret anunțăm
că ultimul bob de nisip
n-a mai fost găsit

o pasăre neagră
croncănea pe creangă

mâini oarbe mângâiau vidul

şi ningea în aprilie
şi plângea vioara...
înghețau florile
pe buzele îndrăgostiților

doar brazii mai stăteau de veghe
la marginea tăcerii

VERONICA ŞTIR. Translator, poet, member of the Writers'
Society from Bistrita "Connections", and of the Romanian
Writers' Union – Tg. Mures branch. She has published
ten volumes of poetry, prose, translations

# Deserted hourglass

### In memoriam Ioan Iustin Purza

We are sorry to announce
that the last grain of sand
was never found

a black bird
croaking on its branch

blind hands caressing the vacuum

and it was snowing in April
and the violin was crying...
the flowers were freezing
on the lips of lovers

only the fir trees remained awake
on the verge of silence

# În sepia

Așterne o maramă neagră
În fața oglinzii
Sădește câteva lumânări
Și,

Legănat de cântul clopotelor,
la un miel în brațe
Și plouă peste tot
Maci roșii, liliac alb

# In sepia

Spread a black handkerchief
In front of the mirror
Plant some candles
And,

Swaying to the ringing of bells,
Take a lamb in your arms
while it rains everywhere
Red poppies, white lilac

# VICTOR ȘTIR

este membru al Uniunii Scriitorilor din
România, al UZPR – Uniunea Ziariștilor
Profesioniști din România, și al Societății
Scriitorilor Bistrițeni „Conexiuni". A publicat
33 de volume de poezie, romane și traduceri.

## viața – un șarpe

bolnav întins pe piatra
cu memorie intermitentă

ochiul incandescent în nisip
visează șirul sirenelor
defilând în tăcerea
ce înfășoară ca un văl
silfidele se îneacă
în armonicele cărnii

reamintiții aburi
ai frăgezimii

VICTOR ȘTIR is a member of the Romanian Writers' Union,
Tg. Mureș branch., UZPR – Union of Professional
Journalists in Romania, Society of Writers
from Bistrita "Connections", he has published 33 volumes
of poetry, novels and translations

# life – a snake

sick, lying on a stone
with an intermittent memory

the glowing eye in the sand
dreaming of complicated string sirens
parading in silence
that covers like a veal
the drowning syplhids
in harmonies of the flesh

the mists of tenderness
remembered anew

*xxxx*

dorm într-o coajă de nucă
pe balconul domului
de foarte jos
sau foarte sus

lătratul lui Paris mort
sfâșie somnul
și carnea nopții
ca un bostan grijuliu
cu semințele

a venit alergând prin vis
cu lațele-n vânt
și ochii colorați de moarte

ca și cum mi-ar întinde
vinul tristeții
într-o boabă de veșnicie

și visul s-a întins
ca o geodezică pe
burta sferei și am amuțit
până la altă viață

*xxxx*

I sleep in a shell
on the dome balcony
either very low
or very high

the barking of the dead dog Paris
tears my sleep apart
in the flesh of the night
like a careful pumpkin
it's seeds

he came running in my dream
his disheveled hair in the wind
and death coloured eyes

as if he would pass on to me
the wine of sadness
in a bean of eternity

and the dream ceased
like a geodetic on
the belly of the sphere
I remained silent
until another summer

# Andrew Stuckgold

este scriitor şi fotograf, din Erskinville
(Sydney – Australia). I-au fost publicate
poeme în revistele literare Meanjin, Cordite,
Mascara şi Spineless Wonders; *Scriind până
la margine* a primit premiul „Joanne Burns"
(2003). Andrew a completat un Masterat în
Scriere Creativă – Sydney University 2016.

## Cynthia, pentru a fi consemnat

Cynthia, seara asta camera digitală încarcă
timpul nostru, în cascadă pixel cu pixel,
un monolog vizual, o poveste a poveştilor perfectă
care cântă prin cabluri,
despre un doliu repetat şi universal:
moartea iubirii.

Partea noastră un nor de imagini,
timpul ştampilat pe fiecare clişeu
şi aproape, dar nu, final
pentru ocazia unui spaţiu mai mare,
un loc în care să redactăm amintirile:
să rafinăm, să reparăm, să ne fofilăm

pe lângă părţile întunecoase; să cruponăm
şi să recolorăm: şi mai bine să îmbogăţim
colecţia şi să ştergem lucrurile cu adevărat groaznice;
să răzuim ultima ceartă fără sens,
multele zile de singurătate împreună;
toate acele stive de încercări eşuate spre fericire.

ANDREW STUCKGOLD is a writer and photographer
living in Erskineville (Sydney – Australia). He has been
published in Meanjin, Cordite, Mascara and Spineless
Wonders. His volume *Writing on the Edge*, received the
"Joanne Burns Award" (2003). Andrew completed a Masters
Degree in Creative Writing at Sydney University in 2016.

# Cynthia, for the record

Cynthia, tonight the digital camera is unloading
our times, cascading them pixel by pixel,
a visual soliloquy, a perfect series of stories
that sing down and through the wires,
of universal and serial bereavement:
the demise of love.

Our lot a cloud of images,
time stamped and very raw
and almost final, but not
for the opportunity of the larger space,
the place when we can edit memories:
smoothing out or repairing, dodging

the darker bits; cloning, cropping
and recolouring: all the better to bulk up
the collection and delete the truly appalling;
erase the last unfocused arguments,
the joint and several days of loneliness;
all those stacked, failed shots at happiness.

## Gondola

Să nu te prostească cântatul cel frumos.
E ca și cum te-ai duce la o luptă de stradă,
de tipul la care se plătesc toate polițele
și se satisface onoarea, sau se confirmă
conducerea, pe vreo alee necunoscută
cu un drastic dans al tăișurilor. Alege-ți
barcagiul cu atenție. Trebue să fie
îmbrăcat bine – un barcagiu panglicat
ca lumea, puternic cu vâsla, și cu barba
bine aranjată. Nu vreun prostovan de nimic
care să te taie și să ia cu forța
fata cea drăguță pe care-ai invitat-o
atât de inteligent ; care lucrează așa de dulce
la Puntea Suspinelor. Ai prevăzut
în oglinda ta că ea
se delectează cu negoțul tău? Apleacă-ți capul
la fiecare umbră ascuțită sau curbată,
înainte de fiecare punte:
trebuie să gonești pe toți imbecilii
cu aparate de fotografiat, să ignori
paginile vântuite ale ghidurilor turistice, monezile
și pantofii care vor ploua asupra ta. Clopotele
vor suna în valuri de culori antice, tăind următoarea
pată lungă de culoare: între pereți și al doilea refren,
primind un sărut umend pe obrazul tău neras. Vei descoperi
că loialitatea fetei tale e cam poroasă; totuși în timp ce
pânza cerului se întunecă, fie ca ea să găsească mereu
o cale de a te adora

# Gondola

Don't let the beautiful singing fool you.
You might well be going to an all-out
street fight, the kind where all debts are
paid or honour satisfied, or leadership
confirmed, in a little known alley with
a swingeing dance of blades. Choose
your boatman with care. He must be
finely dressed – a properly beribboned
boater, stout with an oar, and have well
barbered hair. Not some daft punk
that would knife you and rudely take
that pretty girl from you, the one you
so cleverly invited; such a sweet worker
at the Bridge of Sighs. Have you foreseen
in your mirror that she must always
delight in your trade? Duck your head
at each sharp and arching shadow,
before each and every footbridge:
you must avaunt the leaning imbeciles
with the cameras, ignore the wind-ruffled
pages of their guidebooks, the hidden
shoes or the coins they might rain down
on you. The bells will sound out in antique
waves of colour, splitting the next long
patch of sunlight: between the walls
and the second chorus, receive the wet kiss on your
unshaven cheek now. You may find your girl's loyalties
a little porous;  yet when the canvas sky goes dark, may
she always contrive to adore you

# Marilena Toxin

este membră a Societății Scriitorilor Bistrițeni „Conexiuni". A publicat șase volume de proză.

## Neașteptate măsuri

Am stat cutremurat, tăcut în noapte
Eu nu privesc decât în cuvinte
Tămăduit, cu spaime și șoapte
Am protestat doar în minte.

N-aș suporta să mă vadă
În gând vreau să-i fac doar surprize
E ca un stejar semănat într-o ladă
De ce îmbrățișările sunt interzise?

Persist în zile scoase din timp
Nimic nu mai e ca-nainte
Sunt trist, prin gânduri mă plimb
Și ziua de astăzi mă minte?

M-am hotărât: mă izolez de primăvară
Nu mai suport minciuni nelegiuite
Doresc să scap din cochilie afară
Să las suferințe-n priviri rătăcite.

MARILENA TOXIN is a member of the
Writers' Society "Connections" from Bistrita.
She has published six books of short stories.

## Unexpected measures

I stood trembling, silent in the night
I gaze only into words
Healed, with fear and whispers
I protested only in my mind.

I can't bear her to see me
In my mind I just want to surprise her
It's like an oak sown in a crate
Why are hugs forbidden?

I persist in days gone by
Nothing is the same as before
I am sad, I walk through my thoughts
And today lies to me once more?

I decided: I'm isolating myself from spring
I can't stand wicked lies anymore
I want to get out of the shell
To leave suffering with the confused gazes.

Nu mă împiedică convalescența
Cu drastice măsuri sortite morții
Mă chinui încercând să caut esența
Convins de o tămăduire – a sorții.

It doesn't stop me from recovering
With drastic measures doomed to death
I struggled trying to find the essence
Convinced of a cure – of fate.

# Împotriva inimii mele

Odaia mea intra în mine
Instantaneu, în chip mult mai rapid
Nu m-am opus acestui gen de bine
Chiar dacă totul părea insipid.

Cu viclenie vrednică de-osândă
Şi o durere în piept, ca de dinţi
E greu să înţelegi cum o privire blândă
Ţâşneşte din ochii bieţilor sfinţi

Printr-o spărtură nesperată
În orele chinuitoare
Destinul suportabil se arată
Şi-ţi prevesteşte zile viitoare.

Perverse vârtejuri duşmănoase
Silite să râdă de noi
Transformă impulsuri nervoase
În consecinţe – aruncate-n gunoi.

Există o ierarhie a greşelilor vaste
Lansăm noţiuni, chiar conversaţii
Suntem împotriva cuvintelor noastre
Trăim într-un haos de aberaţii.

# Against my heart

My room enters inside me
Instantly, much faster
I did not oppose this kind gesture
Even if everything seemed bland.

With damnable cunning
And a pain in my chest like a toothache
It's hard to understand how a gentle look
Springs from the eyes of the poor saints

Through an unexpected crack
In torturous hours
The bearable destiny is shown
And it foretells you the days to come.

Hostile perverted whirls
Forced to laugh at us
Transform nervous impulses
Consequently – thrown in the trash.

There is a hierarchy of vast mistakes
We launch notions, even conversations
We are against our own words
We live in a chaos of aberrations.

# Maria Ujică

Membră a Societății Scriitorilor
Bistrițeni „Conexiuni".
A publicat două volume de poezii.

## Cred

Cred în Cuvântul ce ni s-a dat
din partea Creatorului,
de la începutul veacurilor,
de la începutul a toate ce sunt.

Cred în cuvântul lăsat să fie Lumina
prin care să trecem
odată în lume veniți.

Cine nu crede
că poetul îndreaptă cuvântul Domnului
de la abatere, din decădere?

Cred în poetul care trece
în lumea de mâine
purtător al acestei Lumini,
ales apărător al demnității umane
prin puterea cuvântului
zidit în Poezie.

MARIA UJICĂ. She is a member of the
Society of Writers "Connections" from
Bistrita. She published a book of poems.

## I believe

I believe in the Word that has been given to us
from the Creator,
from the beginning of the ages,
from the beginning of all that there is.

I believe in the word left to be the Light
through which to pass
one day in the world you come.

Who doesn't believe
that the poet redirects the word of the Lord
from deviation, from decay?

I believe in the poet who passes
into the world of tomorrow
bearer of this Light,
elected defender of human dignity
by the power of the word
built in Poetry.

Trece poetul
pe sub cruci caudine adesea,
fericit în propria-i melancolie
ce devine cântec de harfă.

The poet passes
under crosses so often,
happy in his own melancholy
which becomes a harp song.

# Toamnă

Toamnă venită devreme,
în toate culorile tale
se mută trăitele ceasuri
din vara ce-a fost.

Pe firul subțire de iederă – frunze
ori poate fibule pentru mantia toamnei,
poleite cu roșu carmin, violet, aur, verde-trecut.

Orașul își ascunde sub masca ciudată tristețile...
Fără spectatori, a început concertul în aer liber –
cântă vântul cu foșnet de frunze.
Dansul cu grație al toamnei,
festivalul culorilor de octombrie 2020
îmi opresc pașii din drumul lor.

Mi se umplu privirea și sufletul
cu altă toamnă blajină
și tristă deopotrivă.

# Autumn

Autumn coming early,
in all your colors
the lived clocks move
from the summer that is gone.

On the thin thread of ivy leaves
or maybe brooches for the autumn cloak,
polished with carmine red, purple, gold, old green.

The city hides its sorrows under the strange mask...
Without spectators, the outdoor concert began –
the wind sings with the rustle of leaves.
The graceful dance of autumn,
the October 2020 color festival
I stop my steps on their way.

My eyes and soul are filled
with another autumn
kind and sad alike.

## ȘTEFAN VEȘCARI

este membru al Societății Scriitorilor Bistrițeni „Conexiuni". A publicat 7 volume de poezii.

## poem pentru femeia de iarbă

a coborât din cer femeia de iarbă,
în dimineața când fluturii își uscau aripile
încărcate de rouă la lumina lunii,
și-a pus parfum pe trupul alb
din cupele florilor născute peste noapte,
și-a învelit părul cu legănări de vânt
apoi, pândind trezirea unui râu
s-a scăldat în apa rece arzând
ca un amurg încet de toamnă.
iarba mirosea a noapte și mângâieri
când soarele începea să se nască din nori,
le ademenea pe flori să mai cerșească
liniștea unei lacrimi.
pe sânii mari, pe pulpele-i golașe,
iarba o mângâia,
ea,
frecându-și șoldurile de cerul dimineții
abia născut din albastrul infinit,
în dimineața proaspătă cu miros de flori,
aștepta bărbații la cositul ierbii
să se adape din țâța ulcioarelor
de sub brazdele de fân cosit.

ŞTEFAN VEŞCARI is a member of the Society of
Writers from Bistrita "Connections".
He has published 7 volumes of poetry.

## poem for the grass woman

the grass woman descended from the sky,
in the morning when the butterflies dried their wings
loaded with dew in the moonlight,
she put perfume on her white body
from the cups of flowers born overnight,
she wrapped her hair in wind
then, waiting for the awakening of a river
she bathed in the cold burning water
like a slow autumn twilight.
the grass smelled of night and caresses
when the sun began to rise from the clouds,
she entices the flowers to beg
the silence of a tear.
on her big breasts, on her bare thighs,
the grass caressed her,
she,
rubbing her hips against the morning sky
just born of infinite blue,
in the morning fresh with the scent of flowers,
she waited for the men to mow the grass
to drink from the tits of the jugs
under the furrows of mowed hay.

## portretul ascuns al femeii adormite

femeie,
cineva îți pictează chipul,
paloarea feței tale pătrunde în odăile goale
încercând să oprească timpul.
bărbatul se gândește la tine în nesomnul lui.
tresari când vântul zgâlție ferestrele,
oglinzile te închid cu tainicul tău chip
și ești atât de departe de patul de pământ
în care dorm.
muguri de vânt îți trec peste față
și mai departe de taina sărutului
peste gura florală
lumina.
privesc portretul ascuns al femeii
cu sânii dilatați, neliniștiți,
luceafărul bate în geam cu cioburi de stele
și deschide cerul pentru amândoi.
o ceată de îngeri nevinovați
privesc cuminți
portretul ascuns al femeii adormite.

# the hidden portrait of the sleeping woman

woman,
someone is painting your face,
the pallor of your countenance enters the empty rooms
trying to stop time.
the man thinks of you in his insomnia.
he shuddered when the wind shook the windows,
the mirrors enclose you with your mysterious face
and you're so far from the bed of dirt
where I sleep.
wind buds passing over your face
and beyond the secret of a kiss
over the floral mouth some
light.
I look at the hidden portrait of the woman
with dilated, restless breasts,
the morning star beats in the window with shards of stars
and opens the sky for both of us.
a crowd of innocent angels
are quietly regarding
the hidden portrait of the sleeping woman.

# Niculae Vrăsmaș

este membru al Societății Scriitorilor
Bistrițeni „Conexiuni" și al UZPR – Uniunii
Ziariștilor Profesioniști din România.
A publicat șapte volume.

## Frigul temutelor ierni

Soarele s-a ascuns după
nori
care tremură-n vânt
răspândind printre pomi
și frunze înecate-n
cuvânt
enigmatice gânduri
cuprinse-n fiori
Străbat orizontul
purtându-l pe umăr
ce greu mă apasă ca ani
fără număr
străpung printre creste
și nouri
preastrânsele soarelui
raze
departe ascunzând ale
cerului oaze

NICULAE VRĂSMAȘ is a member of the Writers ,
Society "Connections" from Bistrita and of the UZPR
– the Union of Professional Journalists in Romania.
He has published seven books.

# The Cold of the Frightening Winters

The sun is hidden
among clouds
that tremble in the wind
among trees and leaves
drowning in words
hidden thoughts
giving me the creeps
along the horizon
the carry on their shoulders
the countless years.
They puncture
heights and clouds
oasis of the sun
collecting
ray after ray.
I feel
the cold of
the frightening winter

Simt cum revine frigul
temutelor ierni
când bateriile trupului
greu le conservi
în noaptea ce îngheţul
aşteaptă la pândă
să-ncremenească şi
omul sfârşit
în a vieţii osândă.
Sper însă în raza de
soare ce norii alungă
şi-n alba căldură
ce vieţii aceasta aduce
călindu-l pe cel surprins
în nămeţi
spre o viaţă cu greuri
cu mulţi ani mai lungă
ducând pe a lui umeri
o veşnică cruce...

when the body
looses its batteries
and freezing is waiting
around the corner
and the man is petrified
in the punishment of life.
I hope
for the ray of the sun
that chases the clouds away
and the white heat
of life
giving strength to the one
caught in the snow
to a life
of hardships
and long years
to bear
on one's shoulder
the everlasting cross...

## ANA ZEGREAN

este membră a Societății Scriitorilor Bistrițeni
„Conexiuni", și a Uniunii Scriitorilor
Profesioniști din România. A publicat
opt volume de poezie.

## Cum?

Nu știu cum
să te găsesc
dincolo de cuvinte
știu că
îți plac tăcerile
și te ascunzi
în miezul
fructelor tari
cu învelișul dur
ca o haină
impenetrabilă...

Voi plonja
în adâncuri
de suflet
să caut
perla sacră
ascunsă tainic

ANA ZEGREAN is a member of the Society of Writers "Connections" from Bistrita, and of the Union of Professional Writers in Romania, She has published eight books of poetry.

# How?

I don't know how
to find you
beyond words,
I know
you like silences
and you hide
in the heart
of hard fruits
with the hard shell
like an
impenetrable coat...

I will dive
into the depths
of my soul
to look for the
sacred pearl
secretly hidden

în inima ta:
uneori
necuvintele
strigă
asurzitor

in your heart:
sometimes
the unwords
shouts
are deafening

# CUPRINS

# CONTENTS

# CUPRINS

CUPRINS